魅力无穷的足球

一本开创性的足球科普百科全书

恒大足球学校 编著

SPM 南方出版传媒·广东人民出版社
·广州·

图书在版编目（CIP）数据

魅力无穷的足球 / 恒大足球学校编著. —广州：广东
人民出版社，2016.8
ISBN 978-7-218-10765-3

Ⅰ. ①魅… Ⅱ. ①恒… Ⅲ. ①足球运动－通俗读物
Ⅳ. ①G843-49

中国版本图书馆CIP数据核字（2016）第047659号

MEILIWUQIONG DE ZUQIU
魅力无穷的足球

恒大足球学校 编著

出 版 人：曾 莹

策划编辑：许春芳
责任编辑：肖风华 许春芳
责任技编：周 杰

出版发行：广东人民出版社
地　　址：广州市大沙头四马路10号（邮政编码：510102）
电　　话：（020）83798714（总编室）
传　　真：（020）83780199
网　　址：http://www. gdpph. com
印　　刷：珠海市鹏腾宇印务有限公司
开　　本：787毫米×1092毫米　1/16
印　　张：15.25　　字　数：225千
版　　次：2016年8月第1版　2016年8月第1次印刷
定　　价：39.00元

如发现印装质量问题，影响阅读，请与出版社(020-83795749)联系调换。
售书热线：（020）83795240 83791487　　邮购热线：（020）83781421

恒大足球学校足球青训丛书
编委会

主　　　任　刘江南

副　主　任　周正敏　容仕霖　石云平　李本全

编　　　委　周穗安　胡义军　黄　海　邓　晟　吴正日

　　　　　　邓　立　王忠亮　蔡光辉

本 册 主 编　刘江南　容仕霖　黄　海

本册副主编　蔡光辉　祁焦霞　乔丙仁　刘　立　张键宇

前言

PRE FACE

　　作为世界第一的体育运动，足球的魅力和影响都是无与伦比的。足球运动已经成为当今世界上开展最广、影响最大的体育项目，有"世界第一大运动"的美称，甚至因其丰富的内涵和感染力被视为一门艺术。

　　足球运动有如此强大的魅力，不仅在于足球运动孕育着丰富的内涵，还与其独特的价值和作用密不可分。足球运动不仅可以强身健体，而且具有重大的政治和经济功能，最重要的是对青少年的全面发展功不可没，能提高青少年的思想品德和心理素质。经常参与足球运动，不仅对自身良好性格的发展有巨大的影响，还可以培养青少年的意志力、自制力和责任感，以及遵规守纪、拼搏进取、勇敢顽强、机智果断、团结协作、勇于奉献的精神，强化密切配合的团队意识和集体主义观念，养成吃苦耐劳、乐观豁达、健康向上的生活方式。

　　足球运动在我国具有广泛的群众基础，关注足球、关心足球、学习足球、热爱足球、参与足球是广大青少年的共同愿望。为了让广大青少年更全面地了解足球、接触足球、喜爱足球，体验参与足球运动的乐趣和价值，我们精心编写了这套足球青训丛书，让青少年从事足球运动有一个正确的方向、明确的目标、科学的方法，并能从足球运动中感受到愉悦，丰富青少年的校园生活，释放学习中的压力。

《魅力无穷的足球》作为丛书开篇，是一本足球科普百科全书，也是一本反常规意义上的教材，它一改过去急功近利、"唯成绩论"的思想，以全面培养青少年对足球的兴趣为己任，从历史、影响、功能、趣味和文化五个方面来介绍。青少年可以从中了解足球发展的历史和世界著名足球强国、俱乐部的兴衰，了解世界著名足球明星的励志故事，了解世界足球组织机构、比赛规则等。骋目古今中外，上下千年纵横，包罗万象，丰富多彩。另外，为了让青少年更简单直观地认识足球运动，方便阅读，书中还配有大量生动、形象的插图，图文并茂，寓学于乐。希望青少年可以各取所需，找到自己的兴趣点，了解足球，热爱足球。

　　值得说明的是，本书编写得到了恒大足球学校以下老师的全力支持，没有他们的高效配合就不会有这本书，在此一一列出他们的名字以示感谢：骆庚招、叶贤麾、李黎明、邓春秀、梁月超、罗芳、姜雨薇、祝圣管、罗晓敏、陈新勇、刘大民、黄凤媚、董亮、张文革、龚敏、黄琛、潘英健、唐珣、高尚、倪子峰、刘金豹、甘士奇、许小伟、赵猛、黄臣、刘立、徐涛、陈伟华、梁振华、范义全、孔志超。

　　中国足球的发展需要好的青训，而做好青训需要好用、好读的足球教材。我们希望，这本教材能为中国足球未来的发展贡献一点绵力。如是，吾愿足矣。

　　好了，不多说了，一起开波吧！

目录

CONTENTS

第二篇 ⚽ 功能无限 *2*

第三篇 ⚽ 影响巨大 3

第四篇 ⚽ 趣味无穷

第五篇　竞技文化 5

第一篇

源远流长
yuanyuanliuchang

　　足球是一项最具世界影响力的运动，古代称之为"鞠"，起源于中国，在《战国策》和《史记》中都有记载。后来外国人来到中国，看到了这项运动，把它带回去，加以改进就成了现代足球，也就是我们现在看到的足球。

　　作为开篇，本章将带你穿越时光隧道，回到古老的过去，追寻曾经的足球轨迹和不得不说的有趣故事，走进足球的世界，领略足球发展的历史和著名足球强国、俱乐部的兴衰故事。足球就像一篇跌宕起伏的小说，是一个需要我们不断提醒自己是谁、永远没有结局的故事。不管你是谁，相信都会很快迷上它。

第一节　走进足球的世界

历史十问

足球运动的起源在哪里？

说起足球，可能你想到的都是欧洲的豪门球队，如巴萨、皇马等，无数球迷都为这些欧洲足球强队疯狂。但你知道吗，其实足球最早起源于亚洲的中国。

2004年初，国际足联确认足球起源于中国，"蹴鞠"是有史料记载的最早的足球活动。《战国策》和《史记》中都记载了这样一个历史故事：战国时，著名纵横家苏秦当上了赵国的宰相，为了共同抵抗秦军，他来到齐国的国都临淄，在他对齐宣王口吐莲花的游说中留下了这样一段著名的话："临淄甚富而实，其民无不吹竽、鼓瑟、击筑、弹琴、斗鸡、走犬、六博、蹋鞠者。" 这里的"蹋鞠"就是"蹴鞠"，这是中国开展"蹴鞠"活动最早也是最明确的记载。

为什么说汉代是蹴鞠运动发展的第一个高峰？

在中国古人的血脉里，早就流淌着滚滚的足球基因。在古代，蹴鞠这种最早形式的足球，一直深受上至皇帝下至平民的喜爱，人们对蹴鞠的激情也绝不亚于今天我们对足球的狂热。

在汉代，由于汉高祖刘邦这位"超级球迷"的推行，蹴鞠逐渐发展成为一项非常专业化的运动，不仅有比较健全的比赛规则，皇宫内还开始出现专业的足球场，即所谓"鞠城"，设有围墙和看台。汉代的鞠城一般挖在地下，为的是不让球滚到很远的地方，免得捡球时耗费体力。比赛分两队，双方各有队员12名，以进球数来决定胜负，这是现代足球的雏形。汉代比赛的激烈程度也很高，冲撞甚至比今天的足球更为厉害，为了摆脱对手的攻击，还允许有推搡等动作。

在汉代，由于蹴鞠是一项重体力运动，不仅可以强身健体，还可以培养勇敢耐劳的精神，因此也是军事训练的一种很好的手段。

古代也有"女足"吗？

由于球体轻了，又无激烈的奔跑和争夺，唐代开始有了女子足球。

唐代宫中"女足"整体水平很高，被视为"皇家女子足球队"，宫中会定期举行"女足"比赛。"女足"与"男足"有所不同，其踢法时称"白打场户"，

球场上不设球门，人数也不定，可以二人对踢，叫"白打"；也可以多人对踢，称为"场户"。除了对踢，也可以一人单踢或众人各自单踢，叫"打毽"。

唐康骈在《剧谈录》里提到过一位善踢球的女孩。长安城收藏家王超到住在光德坊的潘将军府寻宝，一天经过胜业坊北街的时候，当时雨过天晴，在路旁的槐树下站着几个十七八岁的身穿破衣、脚踏木屐的女孩，恰好军营的少年在进行蹴鞠比赛，蹴鞠飞落到女孩身边，其中一个接到蹴鞠后往上一踢，蹴鞠竟然被踢到了十几米高。当时围观看球的百姓都看呆了，想不到这位穿着破衣、踏着木屐的女孩，脚下功夫竟如此厉害。

为何"女足"在唐代这么流行？这可能与大唐的文明有直接关系。由于经济发达，生活自由开放，女性得以参与过去男子才能参与的社会活动。而在唐以后，"女足"走向落没。特别是五代后，由于缠足恶俗的出现，直接剥夺了女性踢球的权利。

皇帝会踢"足球"吗？

宋太祖赵匡胤是个疯狂"球迷"，这从现存的《宋太祖蹴鞠图》中就可以看出。《宋太祖蹴鞠图》宽28.6厘米，长56.3厘米，原作者为北宋著名画家苏汉臣，画面设色淡雅，用线古拙，蹴鞠的是宋太祖赵匡胤与其弟宋太宗，观看的是大臣赵普、楚昭辅、党进、石守信等四位宋朝开国功勋。

赵匡胤踢球的高超技艺在当时赫赫有名，他尤其擅长"白打"，也就是现在人们所说的"花式足球"，即踢球时，用头、肩、背、腹、膝、足等部位接触球，灵活变化，随心所欲，可使"球终日不坠"。

连古代皇帝都这么爱"足球"，难怪现在全世界都为足球这项运动而疯狂了。

世界上最早的足球俱乐部叫什么？

宋代是蹴鞠发展最为鼎盛的一个时期，其中最重要的标志，就是出现了全国性的蹴鞠行业组织——齐云社，以及全国性的蹴鞠比赛——山岳正赛。齐云社又叫圆社，是世界上最早的足球专业组织。齐云社是对外的正式名称，圆社则是自己人之间亲切的称呼，在当时还流传着"不入圆社会，到老不风流"的说法。

当时，到齐云社踢球可不是想进就进的，齐云社的社员入社规矩严、要求高。在生活上规定社员"十禁戒"，比如不准多嘴多舌、不准赌博、不准惹是生非、不准花天酒地等，还规定比赛"十不踢"，灯光下、宴席前、文庙里，甚至风大的地方都不能踢球。在道德修养上也有"十紧要"，要求球员尊敬师长、谦让诚实、穿着端正，不能球员相轻，见面得有礼节，注意身份。

齐云社还谱写了自己的社歌。社歌采用通俗唱法，内容紧扣足球，契合时代精神，自唱自夸。

齐云社一项重要的职能就是组织全国性的比赛，山岳正赛就是齐云社组织的，每年举行一次，目的是对蹴鞠艺人的水平进行评价和考核。比赛时，通过二人白打蹴鞠的方式确定艺人的技术等级，裁判则由齐云社派人担任。山岳正赛一个重要的职责就是评定等级，相当于现在运动员过关、考级。在山岳正赛中，他们事前要发通知，比赛有参赛费，叫香金。他们还有等级证书，叫名旗。比赛完了后，赢者得名旗下山，输者无名旗下山。这是我国古代蹴鞠发展完善一个非常重要的标志。一直到一千多年之后，世界上才出现这样的比赛。

中国古代的"足球"在什么时候没落？

明代之后，蹴鞠仍流行于贵族与官吏间，其中许多贵族与官吏过度沉迷而不理政事。当时青楼的娼妓知道男人爱玩蹴鞠，便开始打着玩蹴鞠的旗号招揽客人，使得蹴鞠逐渐趋于低俗。明太祖因此下令官吏、武士等禁止蹴鞠，凡是蹴鞠的人要砍掉双腿。清军入关后，延续明朝做法，全面禁止蹴鞠，蹴鞠就此没落。

我国古代的蹴鞠活动，自战国起经历了几千年，在汉、唐、宋时代，曾经像彗星一样，发出闪烁的光辉，投入清代社会的水中，只留下一点泡沫，终于暗落了。1863年，现代足球运动在英国诞生，才揭开了足球发展的又一历史篇章。

现代足球俱乐部是怎么产生的？

最早出现的足球俱乐部，是1862年的诺丁汉郡俱乐部，其成员大多来源于原公学（牛津、剑桥大学）的学生。随着工业革命的发展，工人经济收入增多、中产阶级和大批观众的出现，使得公学业余运动逐渐职业化。早期的足球俱乐部带有明显娱乐性质，是具有相同爱好者的简单组合。俱乐部通过与外界不定期的足球比赛来自我调节，比赛无日程规定。这种局面直到现代足球诞生后的十年才有所改观，世界上首个有组织的比赛出现了。1872年第一届足总杯吸引了15支球队参加，采用连续淘汰制，博尔顿流浪者队最终获得冠军。继此，联赛出现。

为了满足人们的需求，大量的足球俱乐部出现了。英国现在的9个职业足球俱乐部，主要集中于英格兰中部和西北部这两个传统工业区，围绕着伯明翰和曼彻斯特两个中心城市。此外，伦敦和纽卡斯尔一南一北两个城市周边，也有不少足球俱乐部，这与当地的经济条件是分不开的。随着城市机器大工业的发展，大部分的工作能够让机器来完成，人们的空余时间增多，经济也富裕了，球赛的观众也就增加了，为了满足市场的需求，英国的足球运动就逐渐走向了产业化与商业化的道路。

职业足球是什么时候开始的？

现代足球在世界各地发展的不平衡和水平的高低不一，一方面是由于它与各地的普及程度有关，另一方面是直接受到职业化程度的影响。球员接受职业化培养，球队靠职业化训练和管理。英格兰不仅是现代足球运动的发源地，而且也是职业足球的摇篮。

英格兰足协成立于1863年，统管所有俱乐部，组织足协杯赛。

1863年，阿克林顿俱乐部因招收职业球员而被足协开除。第二年普莱斯顿队到阿普顿公园踢杯赛，主席威廉·萨德尔是棉纺厂的老板，他向足协球员资格查询官员公开承认，绝大多数北方足球俱乐部都有职业球员。这个宣布被认为是业余足球向职业足球发展的一个转折点。

职业足球既成事实，并转向公开。为了争得合法权，萨德尔在曼彻斯特召开会议，提议参加杯赛的俱乐部摆脱足协，成立一个新的全国性的英国足协。兰开夏、阿斯顿维拉和森德兰地区的26个俱乐部群起响应。如果这个提议被通过，那么英国足坛就会一分为二，南部为业余足球，受英格兰足协管辖；北部为职业足球，受英国足协控制。

英格兰足协出来应战。争论双方经过几次会议后，1885年7月20日英格兰足协终于作出让步，同意杯赛向职业球员开绿灯，但附加一个条件：职业球员必须出生于他效力的俱乐部所在地方圆7公里之内，或者在这个地方定居两年以上。

分裂避免了，职业球员的合法地位得以确认，但新问题又出现了，第一大问题是球员的薪金。俱乐部的出路是：稳定观众数目，保证稳定的门票收入（足协规定，每个职业俱乐部必须拥有自己的球场）。也就是说，现有淘汰制杯赛不能保证每周有高水平的比赛，现有赛制必须改变。

1888年3月2日，阿斯顿维拉俱乐部的威廉·麦格雷戈提出成立足球联盟的提议。这个提议以书面的形式最先发给布莱克流浪、布尔顿、普莱斯顿及阿斯顿维拉等主要俱乐部，后来扩展到9个俱乐部。信中提出，足球联盟不与足协相对立，而且愿意接受足协的规则和规定，但有权修改赛制，保证在周末安排高水平的比赛。

1888年9月8日，联赛正式开始，以循环方式安排赛事，但以积分计算名次的办法直到11月才达成一致协议。经过一个赛季，联赛获得成功。不属联赛成员的俱乐部在第二年也效仿组织了称做足球联合赛的比赛。之后，联赛和联合赛两大组织各出一支球队交手，踢成1∶1平局。从此，联赛扩大，设立了二级联赛，吸收联合赛的优秀队参加。这样，作为联赛的对立面的联合赛自行消亡。

1893年，阿森纳成为进入联赛乙级组的第一支俱乐部。次年，南方联赛组成。联赛考虑成立全国联赛，只是由于世界大战，直到1919年，南北两大联赛合并。又过一年，联赛再次扩大，增加丙级队。

之后，联赛按俱乐部队水平高低，分编甲、乙、丙三组，并规定升降制，逐渐形成目前各俱乐部足球联赛的完整的规则和制度。

第二次世界大战后，职业足球在绝大多数欧洲、南美国家迅速兴起和发展。东欧国家中，南斯拉夫也于1966年第一个正式宣布接受职业足球的制度。

职业足球到20世纪50年代进入全盛时期，70年代达到高潮。职业足球最重要的特征是俱乐部制。俱乐部是一个实体，属国家和地区足协领导，但经济和管理上完全独立，其主要经济来源是门票、电视转播费、广告费、球员转会费等收入。管理上采用聘任制，根据教练员、球员的技能和表现发薪金和奖金。双方订有合同，并具法律效力。

你知道第一届足球世界杯的故事吗？

1930年，首届世界杯在乌拉圭举行，比赛在同一个城市进行，即拥有三座体育场的蒙德维的亚，共有13支球队参赛，它们是：阿根廷、巴拉圭、比利时、玻利维亚、罗马尼亚、巴西、乌拉圭、智利、美国、法国、南斯拉夫、墨西哥、秘鲁。

虽然当时欧洲足坛有不少强队，但由于路途遥远，加上当时的欧洲还处于经济危机中，最终只有四队参加了该届世界杯。

首届世界杯没有预选赛，13支邀请来的球队直接分成四组，抽签仪式也是在他们抵达乌拉圭之后才进行的。该赛事一共进行了18场比赛，总共打入70球，平均每场有3.88个进球。

法国队在揭幕战中4：1击败墨西哥队，成为世界杯历史上第一支取得胜利的球队，法国人劳伦特射入世界杯历史上第一个球。

乌拉圭队凭借东道主之利闯进了决赛，对手是其南美大陆上的邻居阿根廷队。乌拉圭队上半时1：2落后，但最终以4：2逆转获胜，成为第一届世界杯冠军得主。国际足联主席雷米特将高35厘米、重3.8公斤，全部由纯金铸造、由法国人拉夫鲁尔设计的金杯颁发给乌拉圭队队长纳萨西。乌拉圭队的夺冠使得该队继1924、1928年两夺奥运会足球赛冠军后，在本土完成了奥运会、世界杯冠军的"大一统"。

阿根廷球员斯塔比勒以8个进球成为最佳射手（金靴奖），他同时当选最佳球员（金球奖）。

你知道"大力神杯"的由来吗？

世界杯是1928年FIFA（国际足联）为获胜者特制的奖品，是由巴黎著名首饰技师弗列尔铸造的。其模特是希腊传说中的胜利女神尼凯，她身着古罗马束腰长袍，双臂伸直，手捧一只大杯。金杯高35厘米，重3.8公斤，为银杯镀金铸成，立在大理石底座上。此杯为流动奖品，谁得了冠军，可把金杯保存4年，到下一届杯赛前交还给国际足联，以便颁发给新的世界冠军。不过有一个附加规定，谁三次获得世界冠军，谁将永远拥有此杯。

1970年第九届世界杯赛时，乌拉圭、意大利、巴西都已获得过两次冠军，都有机会永远拥有此杯，结果是巴西队捷足先登，如愿以偿。

这样，国际足联需要制作一尊新的奖杯，用于1974年的世界杯赛。1971年，在53份应征作品中，选中了意大利雕塑家西尔维奥·加扎尼加的创意，"大力神杯"诞生了。

这尊沿用到今天的奖杯高36厘米，重约6公斤，由18K的黄金制成，底座镶有两圈墨绿色的孔雀石。关于奖杯的形象，设计者加扎尼加这样描述道："线条从底座开始向上延展，以螺旋式的曲线上升，两名运动员的形象也随着浮现，他们向上伸展开身体，托举起整个地球，这是光辉和荣耀的象征。"在奖杯的底座上，从1974年起冠军球队的名字被刻在上面，奖杯拥有的空间，足够容纳下直到2038年世界杯的所有冠军队名字。当初，这尊奖杯的造价约为5万美元，现在它的估价达到了1000万美元。

关于这尊奖杯的名称，官方定为"国际足联世界杯奖杯"，但根据两个运动员托举起地球的形象，很多人习惯称它为"大力神杯"。与之相似的是，1974年前使用的雷米特杯，因其形象为希腊胜利女神尼凯，也有"女神杯"的别称。

大力神杯从1974年德国世界杯上开始使用，至今已有德国（西德）、阿根廷、意大利、巴西、法国和西班牙6个国家捧起过它。1974年，西德队的队长弗朗茨·贝肯鲍尔成为第一个举起大力神杯的人。

第二节　世界足坛兴衰录

足球强国

阿根廷：足球英雄的魔力

有人说，世界上分两种足球，一种叫足球，一种叫艺术足球。也许，还要加上一种阿根廷足球，那种带有深深的马拉多纳印记的阿根廷足球，那种

永远不会放弃的激情与个性，那种只属于潘帕斯雄鹰的精神。阿根廷足球队是世界上最成功的国家队之一，曾19次夺取过国家队重大赛事的冠军，包括两次称雄世界杯（1978、1986年）、14次夺得美洲杯、两次获得奥运男足金牌（2004、2008年）。

说起阿根廷足球，就不能不提起马拉多纳，他和巴西贝利一起并称为"球王"。1986年世界杯上，巴西和法国是夺冠的最大热门，但阿根廷拥有马拉多纳。对英格兰的比赛，人们见证了一个人击败一支球队的神话。数据说明了一切，本届大赛的7场比赛中，阿根廷队共打进14个进球，马拉多纳攻入5球、助攻5次，一个人成就了其中的10球。另外，马拉多纳还保持着单届世界杯被犯规次数最多的纪录（53次）。由于表现太过出色，1986年还被称为马拉多纳一人的世界杯，连世界杯主题歌《别样的英雄》，竟也变成了赞颂马拉多纳的歌曲。

如今，阿根廷又出现了一个新的天才，他就是梅西，五次当选世界足球先生并获金球奖。纵观整个金球奖历史，梅西五次获奖，位居历史第一位，当今世界足坛已进入梅西时代。

2000年，梅西加入巴塞罗那俱乐部。2005年，阿根廷青年队夺取世青赛冠军，梅西赢得了金球和金靴双项大奖。2007年4月18日，梅西在国王杯半决赛对赫塔菲时复制了马拉多纳在世界杯上的连过五人进球。2008年北京奥运会上，梅西随阿根廷国奥队夺取了金牌。2009年底，他当选了欧洲足球先生和世界足球先生。2008—2009年赛季，梅西率领球队连夺西甲、国王杯和欧冠三个冠军。2011年，梅西荣膺首届国际足联金球奖，还获得了欧足联欧洲最佳球员。2013年，他以46个联赛进球的成绩第三次获得欧洲金靴奖奖杯。2014年，梅西随阿根廷队参加2014巴西世界杯，获得世界杯亚军。阿根廷就是一个足球天才不断涌现的国家。

哥伦比亚：全国范围选材的崛起秘诀

2014年巴西足球世界杯，哥伦比亚队让人眼前一亮，不但因为历史上首次晋级八强，更因为他们阵中有以6个进球一鸣惊人的23岁超新星哈梅斯·罗德里格斯。在刚结束的南美洲20岁以下青年足球锦标赛中，哥伦比亚队也力压巴西和乌拉圭队，仅次于阿根廷队，获得亚军。在南美足坛，如今的哥伦比亚足球已经具备了和传统三强巴西、阿根廷和乌拉圭队抗衡的实力。

在20世纪80年代末90年代初，巴尔德拉马、阿斯普里拉、传奇门将伊基塔领衔的哥伦比亚队曾迎来辉煌时期，但随着这些超级球星的淡出，哥伦比亚足球逐渐沉沦。特别是在1994年世界杯，打入乌龙球的后卫埃斯科巴回国遭到枪杀身亡，哥伦比亚足球更是蒙上了暴力的阴影。这种低迷持续了十多年，直到近几年才有所好转。

哥伦比亚足球重新崛起的秘诀是什么？他们20岁以下国青队主帅阿尔贝托说是注重教育、培养教练、耐心、有规划等，但他最为强调的，则是实现全国范围选材。哥伦比亚足球十分注重全国范围选材，因为来自不同地域的球员特点各不相同。"来自山区的球员身体条件普遍较好，在体能、速度、力量等方面十分出色，而来自平原的球员在技术方面往往更加出色。在如今的哥伦比亚队中，有来自不同种族、具有不同肤色的球员，大大提升了球队打法的多样性。"

哥伦比亚逐渐意识到要充分利用球员多样化这一优势，因此他们开始在全国范围的学校、社区和职业俱乐部推广足球体系。在这一体系中，第一需要有善于发现好苗子的教练；第二是在选拔中综合考量球员的身体、体能、技战术以及心理素质；第三是在各阶段跟踪球员的成长，与各俱乐部梯队教练密切沟通；第四是通过比赛来培养球员的团队意识。久而久之，哥伦比亚不同地域都涌现出优秀的足球人才。

巴西：毫无争议的足球王国

五星巴西是毫无争议的足球王国，是世界上足球绝对从业人员最多的国家，从平民到国家要员，足球已成为其最重要的生活方式之一，是这个国家文化的最重要组成部分。每当联赛或重大国内国际比赛时，巴西人常常举家前往观战，整个城市万人空巷，而赛场人山人海。

提到巴西，人们首先想到的是足球，没有足球，巴西将不再是巴西。巴西人笑称"不会足球、不懂足球的人是当不上巴西总统的，也得不到高支持率"。巴西人认为，巴西足球理所当然位列世界文化遗产之林。巴西人把足球称为"大众运动"，无论是在海滩上，还是在城市的街头巷尾，都有人踢球。即使是在贫民窟，穷人家的孩子也光着脚把袜子塞满纸当球踢。华丽的技术、天才的创造力、超强的足球意识、为足球而生的球星、为足球而活的

球迷，这一切只属于巴西，无法被复制，无法被模仿，更无法被超越。巴西足球人才辈出，优秀球员源源不断，得益于其发现和培养人才的体制。

巴西还是唯一一个参加过全部世界杯决赛阶段比赛的国家，并5次获得世界杯冠军，是获得世界杯最多的国家，分别是：1958年瑞典世界杯、1962年智利世界杯、1970年墨西哥世界杯、1994年美国世界杯、2002年韩日世界杯。

巴西天才球员辈出，球王贝利、"外星人"罗纳尔多、"独狼"罗马里奥、"重炮手"卡洛斯、罗纳尔迪尼奥等，大名鼎鼎，名声显赫。

乌拉圭：南美足坛花园的实力

乌拉圭位于南美大陆的东南部，全国只有333万人，其中2/3居住在首都蒙得维的亚。乌拉圭处在阿根廷和巴西两大国之间，三个国家曾经组成了一块最发达的足球地域。作为20世纪前半期的世界足球顶级强国，乌拉圭队曾经有过辉煌的战绩，两次获得世界杯冠军。也许今天已经淡出了人们的视野，但有谁能否认它为我们在足球发展初期带来的震撼与贡献呢？其足球风格在保持了传统南美球队技术细腻特点的传统上，比阿根廷更为勇猛。

1930年首届世界杯赛在乌拉圭举行，乌拉圭队凭借东道主的优势四战全胜夺冠，其间他们分别以4：0和6：1的大比分击败了罗马尼亚队和南斯拉夫队，决赛中乌拉圭队再接再厉，4：2击败阿根廷，夺得首届世界杯赛的冠军。此后，作为卫冕冠军的乌拉圭队并没有赶赴遥远的欧洲参加第二届世界杯赛，他们与世界杯一别就是20年。

1950年，乌拉圭队参加了在邻国巴西举办的世界杯。由于种种原因，许多报名的球队并没有赶到巴西参赛。乌拉圭、瑞典、西班牙以及东道主巴西队最终争夺冠军，巴西队前两场分别7：1和6：1大胜瑞典和西班牙，而乌拉圭队则2：2战平西班牙，3：2险胜瑞典，最后一战巴西队只要战平就可夺

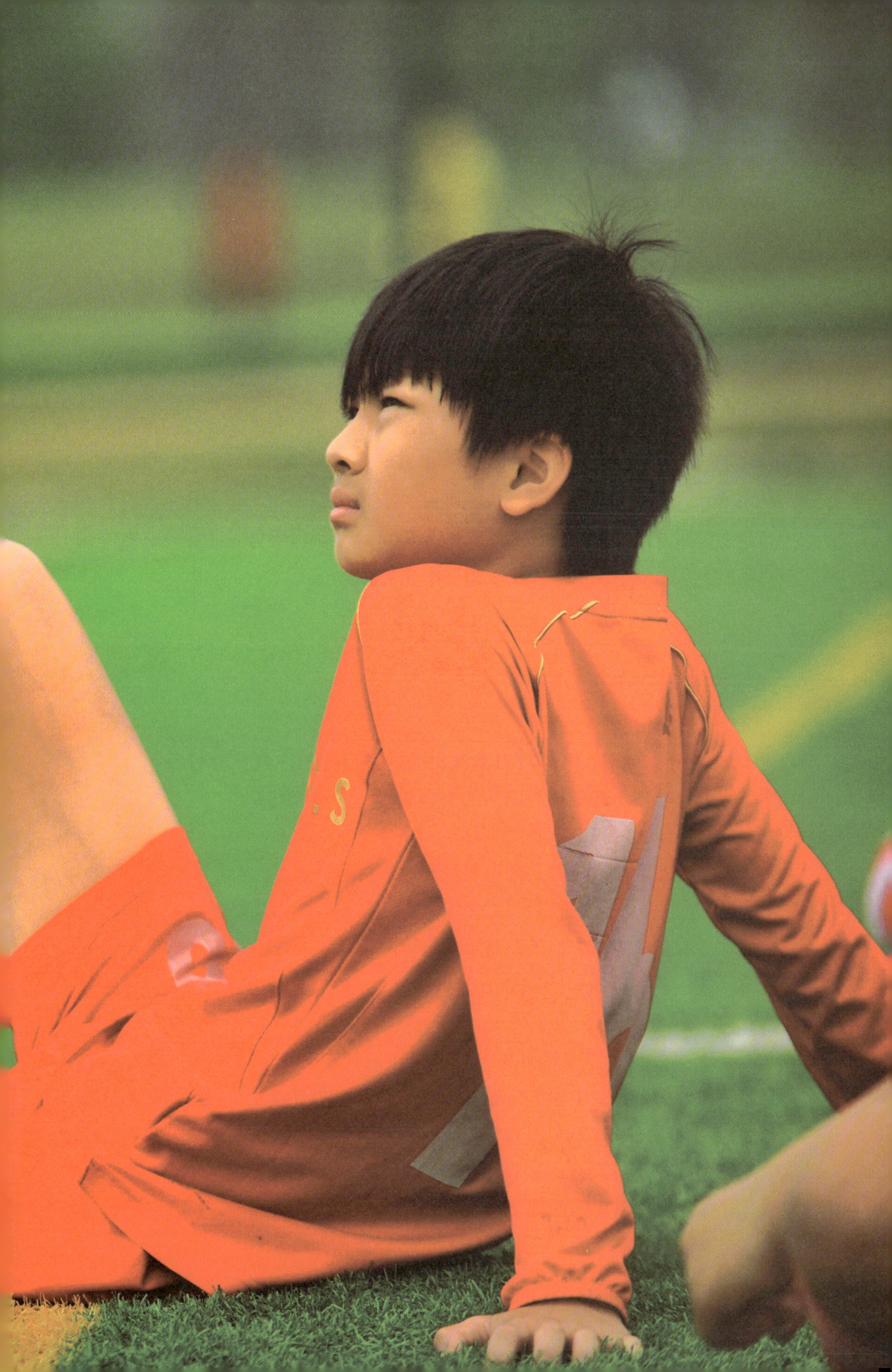

冠。然而乌拉圭人就是在这样的情况下创造了奇迹，他们在落后一球的情况下完成逆转，2∶1击败巴西队，第二次夺得世界杯冠军。乌拉圭此次夺冠，给志在夺冠的巴西人沉重的打击，成就了"一支球队打败了一个国家"的传奇故事。两次参赛，两次夺冠，乌拉圭足球向全世界展示了他们的实力。

然而，这次从巴西队手中夺走冠军也是乌拉圭足球的最后辉煌，此后乌拉圭队8次参加世界杯，最好成绩是1954年和1970年的第四名。但这个素有"南美足坛花园"之称的小国一直在为国际足坛奉献着出类拔萃的球员，远如"王子"弗朗西斯科利、波耶特、丰塞卡、索萨，近如雷科巴、蒙特罗、卢加诺、达里奥·席尔瓦，还有两届欧洲金靴迭戈·弗兰和近几年声名鹊起的西甲巴塞罗那队神射手苏亚雷斯。历史尘封，而传统仍存，底蕴犹在。我们坚信那支无坚不摧的"天蓝军团"终究会回来。

德国：神秘的天才培养计划

2014年世界杯上德国7∶1血洗巴西，最后夺得巴西世界杯冠军，第三次获得大力神杯。近年来德国队的大赛成绩一直稳居前列，德国足球为什么强，他们是怎么做到无缝换代的呢？

其实在此之前，德国足球也曾经历过惨痛的教训。1998年世界杯德国队在1/4决赛中被克罗地亚队3∶0横扫。当时有德国媒体这样评论："我们已经耗尽了所有资源。"德国队是那届世界杯赛上平均年龄最大的球队。两年后的欧洲杯，年迈的德国队连小组赛都没有出线。2000年6月在鹿特丹德国队0∶3不敌葡萄牙。

接连的失败让德国足协痛下决心，他们制定了"天才培养计划"，将更多精力放在了青少年球员培养上，每年投资2000万欧元。德国当时总共有72个职业俱乐部、17万个非职业俱乐部，但为了不漏掉这些小俱乐部有潜力的球员，德国足协在全国铺设了261个点，每周都会往这些点派遣专门的教练，让那些业余俱乐部的球员也可以加入到培训点的训练中，这些教练再从

中挖掘有天赋的球员。德国各职业足球俱乐部和专门的足球培训机构把参加培训的小球员按照年龄分为不同的梯队，这些小球员的年龄在8—19岁区间，每个年龄段单独组队。经过七八年时间的磨炼后，德国足协的"天才培养计划"开始显现成果，德国U21、U19、U17三支青年队分别获得了2009年自己所属年龄段欧洲青年锦标赛冠军。德国国家队本届世界杯参赛名单中，穆勒、诺伊尔、博阿滕、胡梅尔斯、赫迪拉、厄齐尔、格策、克罗斯、罗伊斯、德拉克斯勒等人，都是"天才培养计划"的硕果，德国足球也终于重返巅峰。

西班牙：骄傲的足球崛起之路

西班牙国家队外号有很多："黄金团队""绅士军团""红色军团""斗牛士军团""怒吼的军团"等。从这些称号中，我们可以看出大家对这支队伍的喜爱。但在建立自己的王朝之前，西班牙队长期徘徊于欧洲普通强队之间，除了在1964年夺得过欧锦赛冠军、1992年拿到过奥运会冠军外，再没有显赫的成绩可以拿出来。世界杯上，西班牙的最好成绩是第四名，那还是在遥远的1950年。

但2008年是西班牙人扬威的一年，因为青训工作卓有成效，优秀球员开始不断涌现，同时，西甲联赛也在逐渐崛起。 2008年欧锦赛上，西班牙队一路高歌猛进，最终成功加冕。赛后，欧足联技术小组评出的23人最佳阵容中，西班牙队占据了9席。

2006年德国世界杯上，由阿拉贡内斯统领的西班牙队虽然受阻于法国队，但比利亚和托雷斯均有出色表现，球队顺利完成了前锋位置上的人员交替。两年后，西班牙队终于称霸欧洲，阿拉贡内斯也让位于博斯克，由后者续写辉煌。南非世界杯上，西班牙队虽然开局不利，但很快调整好了状态，一发不可收拾。与荷兰队的决赛中，伊涅斯塔攻入制胜一球，西班牙队也成为了世界杯历史上第八个冠军。

两年后，西班牙又在欧锦赛上捧杯，成为了首支成功卫冕的球队。 4年内连夺3项大赛桂冠，创造了足球史上的奇迹。这是西班牙最辉煌的时光，其间，从2006年11月到2009年6月，他们还写下了在国际赛事中连续35场不败的骄人纪录，15连胜则与巴西并列第一。

葡萄牙：黄金一代的辉煌

说起葡萄牙足球，人们常常会想起C罗的攻城拔寨以及进球后的怒吼，但葡萄牙国家足球队的黄金一代，他显然不在其中。1989年，在沙特阿拉伯进行的世青赛上，葡萄牙以全胜战绩晋级八强。之后他们战胜哥伦比亚和巴西，闯入决赛。决赛中，葡萄牙2：0再次战胜尼日利亚，夺得冠军。1991年，世青赛在葡萄牙本土进行，最后的决赛，葡萄牙和巴西0：0战平，点球大战中4：2胜出，蝉联冠军，"黄金一代"就此在国际舞台打出了名声。

这个功劳要归功于当时葡萄牙国青队的主帅——面容冷峻、姿态洒脱的奎罗斯。1987年，为了选拔球员参加欧洲16岁以下的世青赛，奎罗斯把目光投向葡萄牙各级球队的青训体系，一个人进入了他的视野，在此后的15年里，他成为葡萄牙的一座雕像——路易斯·费戈。1996年欧锦赛成为了他们在成年队里参加的第一次洲际比赛。这支葡萄牙队坚守着艺术足球的底线，除了费戈和科斯塔，萨平托、若奥平托、拜亚、保罗索萨、库托等人也在其中，黄金一代已经有了雏形。第一场艰难战胜土耳其之后，葡萄牙最后一战3：0击败克罗地亚，从对手那里抢回头名，晋级八强。在八强，他们遇到了捷克。捷克球员风华正茂，力量与速度并存，那时还很年轻的波波斯基进球击溃了同样年轻的葡萄牙。在以后的那段日子里，在巴萨的费戈逐渐成长为全队的领袖，队长袖标的荣誉更是戴在了他的手臂，他才真正成熟。

最让人难忘的是2000年6月12日，葡萄牙对阵英格兰，在3万余名观众的瞩目下，这两支有着当时欧洲最耀眼球星的球队出场了，一边是阿兰希勒、欧文、贝

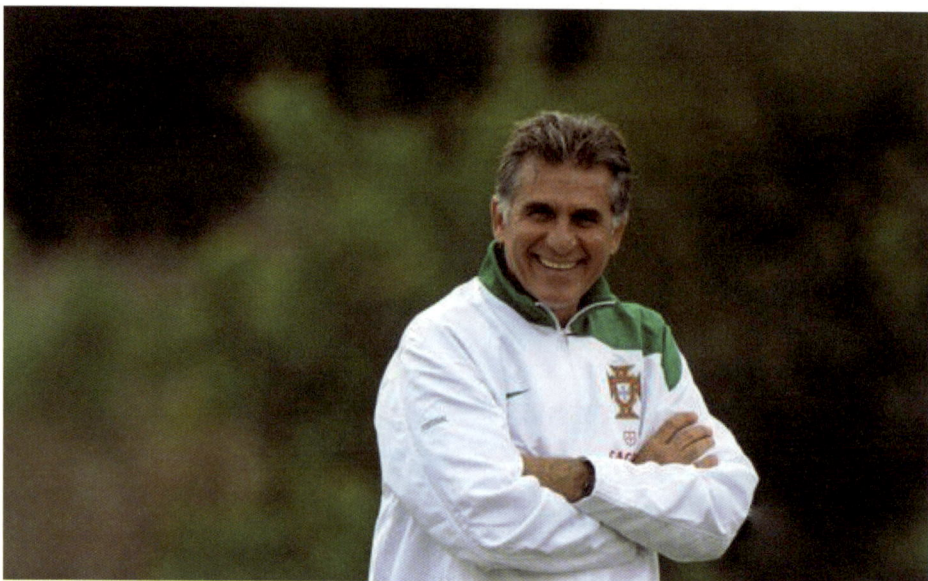

克汉姆，一边是费戈、科斯塔、库托，英格兰率先发难，18分钟时就2∶0领先，葡萄牙被打蒙了。英雄往往就在于他不仅仅能锦上添花，而且能力挽狂澜，在第二个进球后不久，费戈带球趟过中场松懈的英格兰，英格兰拦截不及，费戈大力远射，希曼鞭长莫及。这不仅仅只是开始。葡萄牙人持续不断地控球，优雅的技术让观众如痴如醉，就像赛场上的画家在写生，看似平淡，却又行云流水，最后科斯塔起球若奥平托攻门，球进，2∶2。下半场，一鼓作气的葡萄牙由努诺戈麦斯打入一球，3∶2。从年龄来算，戈麦斯不属于黄金一代，但是没有人能够忘记在那个夏天这个年轻人带给球迷的震撼。他似乎只为了2000年欧锦赛而生。黄金一代，响彻全欧洲。

英国：现代足球的发源地

英格兰是现代足球的发源地，这里有足球本来的样子。他们曾经不可一世过，曾经过度狂妄与自大过，但这一切都因为他们曾经拥有足够的资本。

当然，他们也阵痛过，但当他们保持绅士风度重新审时度势时，也逐渐再次拥有了资本——最古老的俱乐部与职业联赛、最成功的足球俱乐部、最歇斯底里的球迷、最先进的经营模式，这也许是这个国家足球底蕴的体现。这里也有对足球最敏锐的理解力，造就了这个国家成败都是看点、角落都是焦点的足球氛围。

　　英格兰足球是英国足球的代表，它在英国四地足球版图中的比重和影响最大，是世界足球非常重要的一极。英格兰足球协会（被称为英足总）是世界上第一个足球管理机构，制订了现代足球的第一套法规，是现代足球管理体系的鼻祖，对国际足联有极大的影响，也掌握着世界足坛的话语权。

　　在英国，如果一个孩子没有进入到社区俱乐部，也没能接触到职业的足球学院，在5岁进入小学后同样可以接受足球教育，这得益于英国发达的校园足球体系。该体系名为"英格兰学校足球协会"（ESFA），属于英足总体系的一部分。在英格兰，该协会下设40个学校足球协会，基本覆盖和辐射全英格兰地区。虽然职业俱乐部的足球学院很重要，但另一方面ESFA的存在，确保孩子正常的学校教育不会缺失，它在其中扮演着管理、监管的角

色。目前，英格兰26000所学校中，有超过18000所开展了常年进行的足球比赛。

在英格兰，一个孩子3岁就能报班，在家附近的社区业余俱乐部学踢球；上小学后，他们就能参与校园足球队；到13岁或更早时，他们中的佼佼者可以到92家职业俱乐部中的足球学院深造，但他们只能是周末两天学球，平时还要回学校上课。最终选择成为职业球员的孩子，除少数极有天赋的之外，在18岁以前都不会脱离日常教育。从这种意义上说，校园足球至关重要。在英格兰，校园足球是6到10岁孩子们的"快乐游戏"。然后就是10到18岁每个年龄段都有的全国、地方性比赛，现在英格兰有22000个校园足球队。正因为如此，英国才能源源不断地诞生出一批批天才的球员，足球大师查尔顿、才华横溢的加斯科因、万人迷贝克汉姆、年少成名的鲁尼等。

意大利：蓝衣军团长盛不衰的秘诀

意大利国家队的传统球衣是蓝衫白裤蓝袜，绰号是Azzurri （意大利语"蓝色"的意思），中文绰号"蓝衣军团"。 意大利在世界杯上战绩辉煌，共获得4次冠军、2次亚军和1次季军。夺冠次数和德国并列第二，仅次于五星巴西，成绩卓著。著名的球星有巴乔、维埃里、马尔蒂尼、皮耶罗等，可以说球星辈出。

如果要问意大利为足球带来了什么贡献，首推就是链式防守。意大利人从20世纪七八十年代起就开始钻研链式防守，这其中以90年代初经典的米兰链式防守最为典型，马尔蒂尼和塔索蒂的边后卫基本不助攻，他们更像现今的三后卫时的两个边中卫。科斯塔库塔打盯人中卫，但他不是死盯对手的那种盯人，而是当对方核心球员在35米区域时积极地上前防守。巴雷西打拖后自由人，他总能出现在最需要的位置，适时地给队友补位，同时领导整条后防线一起制造越位。当应付边路进攻的时候，科斯塔库塔不再是一个突前防守的中卫，而是和巴雷西一起成为双中卫争抢落点，这时候的防线又成为典型的四后卫区域防守。所以，整条防线在平行站位与菱形站位之间不断变换。最典型的链式防守的成功要属1994年世界杯的决赛，即使从现在的眼光来看，这也是一条几乎完美的防线，他们也成功地抵挡住了巴西队潮水般的进攻。在巴雷西退役之后，链式防守雄风不在，但它对世界足球的进步贡献巨大。在2014年巴西世界杯上，基耶利尼、博努奇以及巴尔扎利组成的三中卫阵型，更多地采用区域防守，但这三人已经用意甲冠军证明了自己的实力。

荷兰：橙色旋风的全攻全守

说起荷兰足球，人们首先就会想起橙色旋风。1974年第10届世界足球锦标赛中出现了这种打法，他们全攻全守的攻防理念风靡全球，被誉为国际足球史上的第三次变革。

所谓全攻全守，是指一个队除守门员之外的10名队员都有进攻和防守的职责，称为"全攻全守"。根据比赛中攻与守的需要，每个队员都可到任何一个位置上发挥这一位置队员的作用。这一战术打破了阵式对队员的束缚，能充分调动和发挥队员的积极性。同时，对队员在身体素质、技术、战术和意志品质、战斗作风诸方面，也提出了更高的要求。

作为全攻全守战术的开创者和最早的实践者，米歇尔斯在其执教生涯中缔造了无数的辉煌。1965年至1971年，他带领阿贾克斯队四夺荷兰联赛的冠军，并在1971年带队夺得欧洲杯冠军。1971年，米歇尔斯离开阿贾克斯去了巴塞罗那队，但他留给继任者、罗马尼亚人科瓦科斯的是一支已经进入全盛期的阿贾克斯，萧规曹随的罗马尼亚人很轻松地带领阿贾克斯在1971年至1973年间实现了欧洲冠军杯上的三连冠。1974年世界杯，米歇尔斯率领荷兰队高举全攻全守大旗，一路杀进冠亚军决赛。在米歇尔斯的率领下，荷兰队在那届杯赛中涌现出了克鲁伊夫、内斯肯斯、克罗尔和勒普等一批光彩夺目的球星。在冠亚军决赛中，才华横溢的荷兰队一球惜败于富有战斗精神的德国队，遗憾地与冠军失之交臂。

法国：传统劲旅的浮浮沉沉

法国队是世界足坛的一支传统劲旅，早在20世纪五六十年代，法国队世界杯射手王方丹、科帕、皮安托尼的三叉戟攻击力扬名欧洲，并在80年代起逐渐成为世界足坛的顶尖力量。在升级成为"魔幻四方阵"的双前腰欧洲杯射手王普拉蒂尼、吉雷瑟、中前卫蒂加纳、1985年法国足球先生组织型后腰路易斯·费尔南德斯领衔下，制订出了以出其必趋、攻其必救，即设防截断对手传球和游弋的必经区域，策动进攻对手回防必救的薄弱环节，迫使对手不敢掉以轻心，牵制对手，从而逐渐掌握比赛主动，多点策动、层次防守、传切配合、边中结合、包夹防守为分段战术，法国队拿到了1984年欧洲杯冠军。

等到以齐达内、德尚为队长的黄金一代的崛起，他们建立了以队史最佳射手亨利、特雷泽盖为锋线，皮雷斯、德约卡夫、佩蒂为中场辅助，以利扎拉祖、布兰克、德塞利、图拉姆、巴特兹为主力防线，更是连夺1998年世界杯、

2000年欧洲杯、2001年联合会杯三大赛事的冠军，建立起法国的霸主地位。

但进入21世纪，法国队的表现却相当反复，先在2002年世界杯表现失准，三场小组赛没有取得胜仗，加上没有进球小组末席出局，2004年欧洲足球锦标赛于八强被希腊淘汰出局。球队的大起大落，说明了没有系统的青训保障，只能是依靠某一批球员，当这些球员因年龄、竞技状态下滑，一旦球员出现了断代，衰败就不可避免。

尼日利亚：掩饰不住苍老的 "非洲雄鹰"

尼日利亚国家足球队，别称"非洲雄鹰"或"超霸鹰"。尼日利亚首次晋身世界杯决赛圈是在1994年，及后两届赛事均可以出线决赛圈，其中1994年及1998年都曾晋身十六强阶段。由于队中每位球员独当一面，整体踢法极具侵略性，因此，尼日利亚队是20世纪90年代一支成绩突出的国家足球队。尼日利亚于1980、1994、2013年三度赢得非洲国家杯冠军，亦于1996年获得奥林匹克运动会金牌。

作为非洲足球的先行者，尼日利亚足球一直被视作非洲足球的骄傲与希望。从1994年开始，尼日利亚队连续三届入围世界杯决赛阶段的比赛，尼日利亚球员与生俱来的足球才华渐渐为世人所知。

随着"非洲雄鹰"在国际足坛地位的确立，尼日利亚足球也拥有了更加宽广的舞台。从20世纪90年代开始，一批又一批尼日利亚球员分赴世界各地创业，奥科查、卡努、马丁斯、 阿加霍瓦、阿加力等一长串闪光的名字被镌刻在欧洲联赛的史册上。自1998年的黄金一代没落之后，尼日利亚连续缺席了2002年韩日世界杯和2006年德国世界杯。2010年，他们虽然进入到了南非世界杯决赛阶段，但是表现令人失望，没能小组出线。但最近两年在本土主帅斯蒂芬·凯希的带领下，尼日利亚一路低开高走，2014年世界杯决赛圈成功晋级16强。希望他们能走得更远，创造新的历史。

喀麦隆：非洲雄狮的崛起

喀麦隆是非洲大陆20世纪80年代以来足球运动比较突出的国家。喀麦隆国家男子足球队参加过1996—2010年历届非洲杯决赛圈阶段的比赛，截至2014年，喀麦隆在历史上曾七次征战世界杯决赛圈，被誉为"非洲雄狮"。队内不乏实力出众的明星球员，包括国际米兰的著名前锋埃托奥、"常青树"里格贝特·宋、阿森纳的崛起新星亚历山大·宋、新人姆比亚等。

非洲雄狮的骄傲来自1990年意大利世界杯。在揭幕战中，该队大爆冷门，1:0击败了马拉多纳领衔的卫冕冠军阿根廷，这也是世界杯史上著名的大冷门之一。

38岁的"米拉大叔"在那届杯赛中大放异彩，他在和罗马尼亚的比赛中独中两元助球队2:1获胜，并赢得了出线权，又在和哥伦比亚的1/8决赛中戏耍疯子门将伊基塔，带领"非洲雄狮"打进八强。在1/4决赛中，喀麦隆通过加时赛2:3惜负英格兰，未能更进一步，但他们在这届比赛中的优异表现，让世界足坛真正开始注意到非洲力量的崛起。

日本：稳固的金字塔体系

    日本足球在近二三十年取得了令人震惊的成绩。日本足球的崛起得益于完备的人才体系，凭借两大培养主线和五级联赛构架，不仅保证了日本职业足球的高水准发展，更重要的是为每一个有才华的球员都提供了登上顶级舞台的道路，业余联赛也源源不断地为职业联赛输送新鲜血液。

    从娃娃抓起，这是日本足协"务实"的起点。在日本，球员培养有两条主线，学校教育和俱乐部教育。在这两条并行不悖的主线下，日本的青少年球员培养被明晰地划分至各个年龄段，以保证各年龄段的全面发展。

    放眼亚洲足坛，J联赛毫无争议是首屈一指的联赛，相对完善的管理、先进的理念以及合理的政策都使得日本足球职业联赛在亚洲范围内独树一帜。日本的五级联赛尽管是在20世纪90年代初刚刚建立的，却已经形成了一个相对稳固的"金字塔体系"，得以长期在亚洲保持高水平的竞争力。

    国家队偶露峥嵘并不是日本搞足球的目标，他们希望足球成为一种文化。而要想让理想转化为现实，拥有一个完善的金字塔结构，就要重视金字塔的业余基础建设。

火车快不快，全靠车头带；兵熊熊一个，将熊熊一窝。这告诉我们一个道理：领头羊的位置很重要。当日本连续四次杀进世界杯决赛，在本土之外进入淘汰赛，2000年以来三次问鼎亚洲杯，谁是最大功臣？不是某个球星，也不是某个教练，是日本足协。

日本足球界在考虑球员培养问题时，有一句话十分重要且不能忘记，那就是："PLAYERS FIRST!"（"把球员放在第一位，以球员为本！"）正是坚持这样的理念，被放在第一位的球员也丰厚地回报了日本足球。

韩国：永不妥协的精神意志

有"太极虎"和"亚洲虎"之称的韩国队是最多次成功晋身世界杯决赛圈的亚洲球队，包括2014年世界杯在内，韩国已经9次晋身世界杯决赛圈。

单看次数，战绩彪炳。

　　顽强、坚毅、一往无前，这些是韩国足球留给人们最直观的印象。尽管2002年世界杯四强的佳绩存在"水分"，但不可否认的是，韩国球员，确切地说是韩国足球的精神让世界足坛实实在在地感到了一种震撼。

　　熟悉韩国社会文化环境的人都知道，韩国是一个竞争气氛非常浓厚的国家。在各行各业，激烈的竞争都普遍存在。在这种氛围下，韩国人养成了不服输的性格，永不妥协成了大部分韩国人的座右铭。而在原本就以竞争为特色的体育运动中，运动员之间的危机意识尤为突出。

　　韩国教练在执教球队时，几乎无一例外将强调精神意志力放在第一位。教练认为："亚洲球员在身体上和欧美球员存在着一定的差距，如果不在精神和意志力方面超过对手，那亚洲足球几乎没有出头之日。"

在世界足坛上，恐怕没有一个国家的足协会像韩国足协一样，将提高球员的精神品质作为足协的工作之一来抓。主管韩国足协具体事务的赵重衍副主席在接受采访时表示："韩国球员的精神意志力是韩国足球长盛不衰的基础，是韩国足球的根本。"球员身上的拼搏精神折射到球迷身上，就升华成了民族情感，对球员产生更大的动力。

20世纪60年代的一次世界杯预选赛，韩国队飞赴日本进行比赛，临行前，韩国总统亲自接见了全体队员，总统在简短的讲话后说："如果输掉了，你们就不要再过大韩海峡（即日本海峡）了！"

和韩国队交手后，德国队主帅克林斯曼对韩国队的表现仍然赞不绝口。克林斯曼说："韩国队员的表现让我震撼！和我当球员时相比，现在的韩国足球在意志力上又上了一个台阶。因为个人能力的提高，他们在场上拼搏时的威力远远超过了以往。"可以说，韩国足球的精神力量，都将是最令人生畏的。这也是韩国足球在亚洲能始终保持强队风范的秘诀。

足球俱乐部

皇家马德里：20世纪的最佳俱乐部

皇家马德里足球俱乐部（Real Madrid Club de Fútbol），中文简称皇马，是一家位于西班牙马德里的足球俱乐部，球队成立于1902年3月6日，前称马德里足球队。1920年获国王赐封"皇家"的尊称，徽章上加上了皇冠，并改名为皇家马德里。皇家马德里足球俱乐部是现今欧洲乃至世界足坛非常成功的俱乐部，拥有众多世界球星。2000年12月11日被国际足球

联合会（FIFA）评为20世纪最伟大的球队。2009年9月10日被国际足球历史和统计联合会评为20世纪欧洲最佳俱乐部。截至2016年5月，皇家马德里已夺得过11次欧洲冠军杯冠军（夺冠次数第一）、32次西班牙足球甲级联赛冠军（西甲第一），以及19次西班牙国王杯冠军、9次西班牙超级杯冠军。

　　皇家马德里是西班牙成立较早的俱乐部之一，也是西班牙乃至世界非常成功的俱乐部，由一群青年学生创建于1897年。1902年3月6日，马德里俱乐部正式成立，胡安·帕德罗斯就任主席。1920年6月29日，时任西班牙国王阿方索十三世把"Real"（西语，"皇家"之意）一词加在俱乐部的名字前，以此来推动足球在首都马德里市的发展。从此，俱乐部正式更名为皇家马德里俱乐部。

　　20世纪50年代初期，皇家马德里重金聘用各国好手，引进了亨托和迪·斯蒂法诺，达到了20世纪的黄金时期。1954年皇马终于夺回了阔别21年的西甲联赛冠军，并在1955年又蝉联了联赛冠军。同年，欧足联创办了首届欧洲冠军杯，皇家马德里代表西班牙参赛，没想到一发不可收拾，一举夺得前五届欧洲冠军杯冠军。这一纪录至今没有任何球队能够打破，皇家马德里因此也成为了欧洲的"梦之队"。70年代，皇马携黄金时期的余威，继续保持了强劲的夺冠势头。虽然在这期间没有特别大牌的球星，但在球队的团结努力下，在1972、1975、1976、1978、1979年五夺联赛冠军。1980年在获得联赛、杯赛双料冠军后，除1982年获得杯赛冠军，一连五年与冠军无缘，进入了艰难的时期。1985年，皇家马德里引进了墨西哥球星乌戈·桑切斯和阿根廷球星巴尔达诺，加上本国的新星布特拉格诺等，实力大增。1985、1986年两获欧洲联盟杯冠军，成为联盟杯历史上第一支蝉联冠军的球队。1986—1990，皇马连续五次夺得联赛冠军，创造了西班牙足坛历史纪录，但在同期的欧洲冠军杯中却与冠军无缘，甚至在1989年创造了0∶5负于AC米兰的历史最差纪录。总体来说，80年代后期以联盟杯冠军为标志，可称为球队历史上第二个黄金时期。1990年夺得联赛冠军后，由于经营不善，负债累累，同时巴塞罗那俱乐部在短暂低迷后的再度崛起令队伍打击不小。1995年终于再次夺得联赛冠军，但仅过一年，又只获得联赛第六的成绩，滑到十余年历史最低谷。1996年，卡佩罗接过帅印，率领这支豪华之师夺得冠军。1998至2002年，皇马三夺欧洲冠军杯，被国际足联评为"20世纪最佳球队"。

进入2000年以后，皇马在主席弗洛伦蒂诺·佩雷斯的带领下奉行"巨星政策"，致力打造豪华至极的"银河战舰"。菲戈、齐达内、罗纳尔多、贝克汉姆、欧文等巨星相继加入皇马。2008—2009年赛季中期，卡尔德隆因舞弊辞职，球队也从此离开了卡尔德隆统治的时代，重新进入到了弗洛伦蒂诺的掌权之下，继续奉行"巨星政策"，买来了C罗、卡卡、本泽马等众多巨星和世界上最好的教练穆里尼奥，皇马再次走向辉煌。2013—2014年赛季，魔力鸟远走斯坦福桥，意大利人安切洛蒂执掌皇马教鞭，引进贝尔、伊斯科等一众球星，并夺得当年欧洲冠军杯、西班牙国王杯、欧洲超级杯，随着世界杯后，J罗、克罗斯等人的加盟，让世界瞩目的新一代银河战舰正式起航。

巴塞罗那：自由之队的斗牛士精神

巴塞罗那足球俱乐部（Fútbol Club Barcelona），中文简称巴萨，是位于西班牙巴塞罗那市的大球会，1899年11月29日由瑞士人汉斯·甘伯创立，西甲传统豪门，也是现今欧洲乃至世界足坛非常成功的俱乐部。主场诺坎普体育场可容纳接近10万名观众，是全欧洲最大及世界第三大足球场。

巴萨从1929年夺得第一届西班牙足球甲级联赛冠军开始，共获得了24次西甲联赛冠军、28次国王杯冠军（在国王杯历史上高居榜首）、5次欧洲冠军联赛冠军、4次优胜者杯冠军、3次博览会杯冠军、4次欧洲超级杯冠军、3次世俱杯冠军。在巴萨历史上大体经历了五次高峰期，首先是20世纪初，然后是四五十年代，接着是克鲁伊夫的梦一队、里杰卡尔德的梦二队、瓜迪奥拉的梦三队。

在2010—2011年赛季，以哈维、梅西、伊涅斯塔、普约尔、皮克、佩德罗、布斯克茨为代表的巴萨青训营球员，配以比利亚、阿尔维斯等转会球员和教练瓜迪奥拉，以及千千万万的红蓝球迷是巴萨这个赛季所有成绩的来源。

俱乐部传奇人物有库巴拉、克鲁伊夫、马拉多纳、罗马里奥、瓜迪奥拉、罗纳尔多、里瓦尔多、罗纳尔迪尼奥、哈维、普约尔、梅西等人。

巴萨历史上有三代王朝，即90年代初期克鲁伊夫的梦一队、2004—2006年里杰卡尔德的梦二队、2008—2011年瓜迪奥拉的梦三队。其中梦三队在2008—2009年夺得全满贯六冠王、2009—2010年夺得三冠王、2010—2011年夺得五冠王，4年14冠，打遍豪门，被称为"宇宙队"。2015年6月7日凌晨，巴塞罗那队3∶1战胜尤文图斯，继2008—2009年赛季后再夺三冠王，也是第8支三冠王球队和首支两夺三冠王的球队。

拜仁慕尼黑：德国足球的代表

拜仁慕尼黑足球俱乐部（FC Bayern München），位于德国南部巴伐利亚州首府慕尼黑市的足球俱乐部，是德国乃至欧洲非常成功和受欢迎的足球俱乐部，一共夺得了26次德国顶级足球联赛冠军（截至2015—2016年赛季）和17次德国杯的冠军。俱乐部最初于1900年2月27日由以弗朗茨·约翰（Franz John）为首的11个足球运动员组成。球队的主色调为红色及白色，队徽核心的蓝白格子则源自巴伐利亚州旗的颜色及样式。

拜仁慕尼黑的会徽曾多次变更，拜仁的队徽是全德国乃至全世界最出名的标志，据统计，大约有87%的德国人、89%的法国人、75%的英国人都知道这个标志。拜仁从1921年开始使用队徽，最初会徽由4个个性化的字母F、C、B、M构成，主色调是蓝色，后来逐渐演变成字母被代表胜利的月桂花环绕着，随着时间的变迁，代表胜利的桂冠取代了月桂花环。1954年起，俱乐部采用代表俱乐部颜色的红底白字加蓝白方块标志作为队徽，红与白是俱乐部的颜色，蓝白底色象征着巴伐利亚的州旗，而蓝白色的小方块则是慕尼黑这座自由城市的象征。本来俱乐部后面的E.V是代表协会的标志，但从2002年2月起，因为俱乐部被改组为股份公司，所以FC BAYERN MUNCHENEV的最后两个字母EV被取消了。长期以来，拜仁的会徽主色调是蓝色和红色。

在20世纪70年代中期，拜仁取得了辉煌的成就，在弗朗茨·贝肯鲍尔的带领下，球队连续三次获得欧洲冠军联赛冠军（1974—1976年）。21世纪以来，拜仁已经成为德国最成功的球队，夺得了过去10个赛季中7个赛季的联赛冠军。最近的一次国际大赛冠军是在2013年夺得欧冠冠军。

球队一共拥有18.5万的注册会员，并在世界足球俱乐部范围内超越了巴塞罗那俱乐部（17万），仅次于葡萄牙俱乐部本菲卡（22.4万），名列第二。俱乐部同时在国际象棋、手球、篮球、体操、保龄球、乒乓球以及体育裁判方面也有发展，在足球提高组中，一共有1100个活跃会员。2011—2012年赛季，拜仁慕尼黑在自己的主场安联球场点球负于切尔西，饮恨安联屈居此赛季的欧冠亚军。2012—2013年赛季，痛定思痛的拜仁慕尼黑通过丹特、哈维·马丁内斯等大手笔引援，史无前例地提前六轮锁定德甲冠军，并创下多个德甲纪录，绽放出德甲豪门胜利的光芒。

尤文图斯：意大利真正的王者风范

尤文图斯足球俱乐部（Juventus Football Club S.P.A）是一家位于意大利皮埃蒙特大区都灵市的足球俱乐部，是意大利国内历史非常悠久的俱乐部，也是夺得意大利足球甲级联赛冠军最多的球队（32次）。尤文图斯足球俱乐部也是历史上第一个实现三大杯（欧洲冠军联赛、欧洲联盟杯、欧洲优胜者杯）"大满贯"的俱乐部。

尤文图斯俱乐部脱胎于一个中学生足球队，1896年，都灵的马西莫·达泽里奥中学的一些学生成立了一支足球队，每天下午放学后，他们都充满热情地参加训练和比赛。1897年11月1日，尤文图斯俱乐部在位于翁贝托国王大街42号的坎法里兄弟工厂内，召开了俱乐部历史上第一次大会，15人参加，年龄最小的为14岁。俱乐部的名称最初有人提出叫"达泽里奥"，也有人提出"尤文图斯"。后因尤文图斯在拉丁语中有青年人、青年之意，与俱乐部构成相符，最终定名尤文图斯（Juventus）。

尤文图斯于1905年首次获得联赛冠军，此后20余年间，尽管该队为意大利足坛的发展作出了杰出贡献，却一直与冠军无缘。20世纪30年代，该队终于荣获五连冠，迎来了黄金时期。尤其值得一提的是1932—1933年赛季，尤文图斯是以净胜球60个、17场主场比赛中有16场获胜的绝对优势捧冠的。

尤文图斯足球史上最富有代表性的人物是40年代的博尼佩尔蒂，他是技术超凡、球风高尚的传统"尤文图斯型足球"最好的象征。60年代初期的奥马尔·西沃里、70年代的罗伯特·贝特加、80年代的米歇尔·普拉蒂尼、90年代的罗伯特·巴乔以及斑马王子德尔·皮耶罗都继承了这一传统风格。

尤文图斯队的第二个黄金时期是70年代后期开始的，一直持续了10年。当时的主教练是一代名将特拉帕托尼。尤文图斯在这段时期，六次荣获联赛桂冠，并夺取了所有的欧洲三大杯赛胜利。由大名鼎鼎的意大利国脚西雷阿、塔尔德利、贝内蒂、博宁塞尼亚、卡布里尼、佐夫以及外籍球星普拉蒂尼、博涅克构成的强大阵容举世无敌。1994—1995年赛季，尤文图斯时隔9年再尝冠军滋味，于是一发不可收，1996—1997年赛季、1997—1998年赛季再创辉煌，长时间内高居世界俱乐部排行榜首位，被评为"世界上最优秀的俱乐部"。2011—2012年赛季，尤文图斯提前一轮夺得联赛冠军，为俱乐部史上第28次联赛冠军，也是意大利联赛史上夺冠最多的球队。

曼联：世界唯一的红魔

曼彻斯特联足球俱乐部（Manchester United Football Club），绰号"红魔"。前身为成立于1878年的"纽顿希斯LYR"（Newton Heath LYR FC），1902年时改名为曼联，角逐英格兰足球超级联赛。主场老特拉福德（Old Trafford），球迷又称其为"梦剧场"（The Theatre of Dreams）。

曼联在20世纪50年代使用的队徽以红色为基调，中间的帆船造型代表了曼彻斯特港口贸易中心的地位。帆船带有勇往直前、风雨无阻的意义，帆船下面红黄相间的条纹是指绶带，象征俱乐部的尊贵地位。徽章里的"CONCILIO ET LABORE"是拉丁语，"智慧与努力"的意思。

曼彻斯特联足球俱乐部的前身其实极富传奇色彩，纽顿希斯其实是英格兰一处普通铁路工地的名称。工地上的工人通过和其他部门或其他铁路公司的球队比赛释放他们对足球的热情，他们不曾想到自己的球队日后会在英格兰足球界乃至国际足坛中占有一席之地，并成为世界顶级豪门之一，但从这支球队成立之日起，就注定了曼联的踢法是强调团队、充满激情的攻势足球。

入主曼联的重要人物是欧内斯特·曼格纳尔。曼格纳尔1903年出任俱乐部秘书，是人们公认的俱乐部第一任主帅。曼联是英格兰足球历史上最为成功的俱乐部，也是欧洲乃至世界非常具有影响力、非常成功的球队，共获得20次英格兰顶级联赛冠军、11次英格兰足总杯冠军、4次英格兰联赛杯冠军（除了英格兰联赛杯冠军外，均是英格兰俱乐部的最高纪录）。在欧洲赛场上，共获得3次欧洲冠军杯冠军、1次优胜者杯冠军和1次欧洲超级杯冠军。骄人的战绩注定它会成为世界顶级豪门之一。除了骄人的战绩，曼联也打造了无数的巨星，布莱恩·罗布森、博比·查尔顿、贝克汉姆、吉格斯、斯科尔斯、加里内维尔等。所以世界上只有一支红魔，那就是曼联。

AC米兰：红黑军团的奇迹

米兰足球俱乐部（Associazione Calcio Milan），是位于意大利米兰的足球会。为了和同在米兰的另一家足球俱乐部国际米兰区别，一般被称为AC米兰，或直接简称米兰。AC米兰的传统队服是红黑相间的间条衫，所以常被昵称为"Rossoneri"（意大利语，意为"红黑军团"）。AC米兰是意大利很受欢迎的足球俱乐部，根据2010年德国著名体育市场调查公司Sport Markt的调查，AC米兰的球迷人数名列欧洲第七位，达到1840万人，是欧洲非常受欢迎的意大利球会。2011年8月6日在北京鸟巢举行的意大利超级杯赛中，AC米兰队战胜了同城死敌国际米兰，夺得超级杯。截至2013年，AC米兰是全世界获得主要洲际和大洲俱乐部赛事冠军最多的球队，包括7次欧洲冠军杯冠军、5次欧洲超级杯冠军、2次欧洲优胜者杯冠军、4次洲际杯和世俱杯冠军。在意大利国内，他们总共获得过18次意甲联赛冠军、2次意乙联赛冠军、5次杯赛冠军和5次意大利超级杯冠军。

说起它的成立，真是极富传奇色彩。1899年12月16日，一群聚集在杜诺德（Du Nord）宾馆房间里的球迷成立了一家体育俱乐部——米兰足球和板球俱乐部，创始人是阿尔弗雷德·爱德华兹。

随着足球魅力的不断延伸，足球很快就成为俱乐部和当地最受欢迎的项目。到了1905年，俱乐部正式改名为"米兰足球俱乐部"（Milan Football Club）。

1908年，AC米兰队（Milan）中的瑞士及意大利球员因为不满球队，宣布脱离球队，成立现在的国际米兰队，也就是 "Inter"。这也一直延续到了今日，成为世界足坛举世瞩目、最伟大最炫目的城市德比——"米兰德比"。2000—2001年赛季AC米兰对阵国际米兰，AC米兰以6：0痛击对手，这也是米兰德比史上的最大分差。

AC米兰的大本营位于意大利米兰的圣西罗区，在米兰市的西部，由于AC

米兰的主体育场就建在圣西罗区内，所以球场就被AC米兰球迷称为圣西罗球场，产权归属于米兰市政府。二次世界大战结束后，意大利足球甲级联赛重新恢复，1947年为了提高联赛质量，足协重新开放外援政策，米兰终于迎来了第一个黄金时代——米兰"三剑客"时代。

利物浦：英格兰红军的奇迹

曼彻斯特联、格拉斯哥流浪者、利物浦可以说是英国足球界的三驾马车。利物浦足球俱乐部（Liverpool Football Club，缩写LIV或LFC），位于英国英格兰西北部默西赛德郡港口城市利物浦，由约翰·霍丁（John Houlding）创立于1892年6月3日，主场在安菲尔德球场。俱乐部最初的名字是埃弗顿足球俱乐部与体育场地股票上市公司（Everton F.C. and Athletic Grounds, Ltd.），简称为Everton Athletic，但在1892年2月4日，由于足球协会拒绝承认把这支球队叫做埃弗顿，所以该俱乐部更名为利物浦。

利物浦曾夺得18次英格兰顶级联赛的冠军、7次英格兰足总杯、8次英格兰联赛杯。1986年该球队曾获得足总杯和联赛冠军"双冠王"，在1977年和1984年两次同时获得联赛冠军和欧洲冠军杯。在1984年该球队还获得了联赛杯冠军，完成了"三冠王"，在2001年他们再次取得了"三冠王"的成绩，而这一次他们赢得了足总杯、联赛杯和欧洲联盟杯。利物浦曾5次捧起欧洲冠军杯（欧洲球队的第一大赛事），是英格兰球队中最多的。随着球队第五次赢得欧洲冠军杯，利物浦得以永久保留原始奖杯。利物浦3次获得欧洲联盟杯（欧洲球队的第二大赛事）的冠军，这一纪录是与尤文图斯、国际米兰以及巴伦西亚共享的。利物浦足球俱乐部的精神格言是"你永远不会独行"（You'll never walk alone）。

阿贾克斯：世界第一的球星加工厂

阿贾克斯足球俱乐部（Amsterdamsche Football Club Ajax）创立于1900年，是一支位于荷兰阿姆斯特丹的著名足球俱乐部。它是世界上非常成功的十家俱乐部之一，也是荷兰非常成功和受欢迎的俱乐部。阿贾克斯被誉为世界第一的球星加工厂，其青训系统培养了大量球星。阿贾克斯球员过去往往成为国家队的核心球员，包括约翰·克鲁伊夫、马尔科·范巴斯滕等。

1900年3月18日，斯坦普、达德和里瑟有感于各个小俱乐部鱼龙混杂、管理混乱，在阿姆斯特丹号召人们成立了一个统一的足球俱乐部，从而也宣告了阿贾克斯一支伟大球队的诞生。阿贾克斯成立至今，赢得了无数的奖杯和荣誉，他们曾在1918－1919年赛季和1995－1996年赛季两次以不败战绩捧得当年的联赛冠军。在1929－1939年的十年间，阿贾克斯迎来了该俱乐部历史上第一个辉煌时期，在这期间他们一共获得7次联盟冠军（地区性冠军）和5次荷兰联赛冠军。在经历过近30年的低迷后，70年代的荷兰掀起了全攻全守足球的狂潮，这给荷兰足球及世界足坛都带来了深远的影响。作为荷兰足球的代表，阿贾克斯自然被大家推崇备至。从1971年到1973年，在伟大的克鲁伊夫带领之下，阿贾克斯连续3年夺得欧洲冠军杯，成为继皇家马德里后第二支上演欧洲冠军杯帽子戏法的球队，同时他们也进入了历史上第二个辉煌时期。其中1972年是阿贾克斯的大满贯年，囊括所有高水平比赛的冠军：国内甲级联赛、荷兰杯赛、欧洲冠军杯、欧洲超级杯、丰田杯。

高潮过后，阿贾克斯的许多功勋球员或退役，或离队，这直接导致了该队在70年代后期的持续低迷。但1981－1987年阿贾克斯又卷土重来了，他们3次夺得荷兰联赛和荷兰杯赛的双冠王。当时大名鼎鼎的克鲁伊夫和帮助AC米兰称霸欧洲的荷兰三剑客（古利特、范巴斯滕和里杰卡尔德）都曾先后在阿贾克斯效力，他们为该队夺得无数荣誉，立下了汗马功劳。

从1991年到1997年，一个名叫范加尔的荷兰人带领阿贾克斯又再次走向了高潮。而之前，人们对他一无所知，但很快他用一个又一个的奖杯证明了自己的实力。此外，范加尔的球队还在1993－1994、1994－1995、1995－1996年赛季三度称雄荷甲，1991－1992年赛季夺得欧洲联盟杯冠军和1992－1993年赛季夺得荷兰杯冠军等，为阿贾克斯书写了光辉的一页。而1992年夺得欧洲联盟杯后，成为继尤文图斯后第二支夺得欧洲三大杯赛的球队。

多少年来，阿贾克斯就是荷兰足球兴衰的风向标，每当一批天才球员在阿雷纳球场崛起，荷兰国家队便能在国际大赛上令人恐惧。阿贾克斯历来非常注重年轻球员的培养，他们很少购买国外球员，所依赖的都是自己的子弟兵，尽管这些子弟兵一旦成名后很快会被外国大俱乐部高薪挖走，但阿贾克斯凭借源源不断的强大后备力量依然屹立在欧洲强队的行列中。阿贾克斯历来推崇最极致的进攻足球，在他们的哲学中没有"防守反击"的概念，从青年队中就开始固定练习的"四三三"阵型让这支球队从来不乏才华横溢的前场攻击手。克鲁伊夫还将阿贾克斯的经验带到了加泰罗尼亚，巴塞罗那在2008－2009年赛季的"六冠王"伟业被认为是阿贾克斯模式的成功。

博卡青年：世界上最牛的球星制造厂

博卡青年足球俱乐部（Club Atlético Boca Juniors）是一家世界知名的阿根廷足球俱乐部。博卡青年队成立于1905年4月3日，基地位于阿根廷首都布依诺斯艾利斯风景秀美的博卡区。博卡青年队是阿根廷非常受欢迎的球队，该队所获得的荣誉也令人钦佩。博卡青年足球俱乐部拥有18个国际赛大奖纪录，包括6次赢得南美解放者杯、3次丰田杯，以及25次阿根廷甲组联赛冠军。

除此外，博卡还打造了无数巨星，其中就有阿德莱斯、战神巴蒂、球王

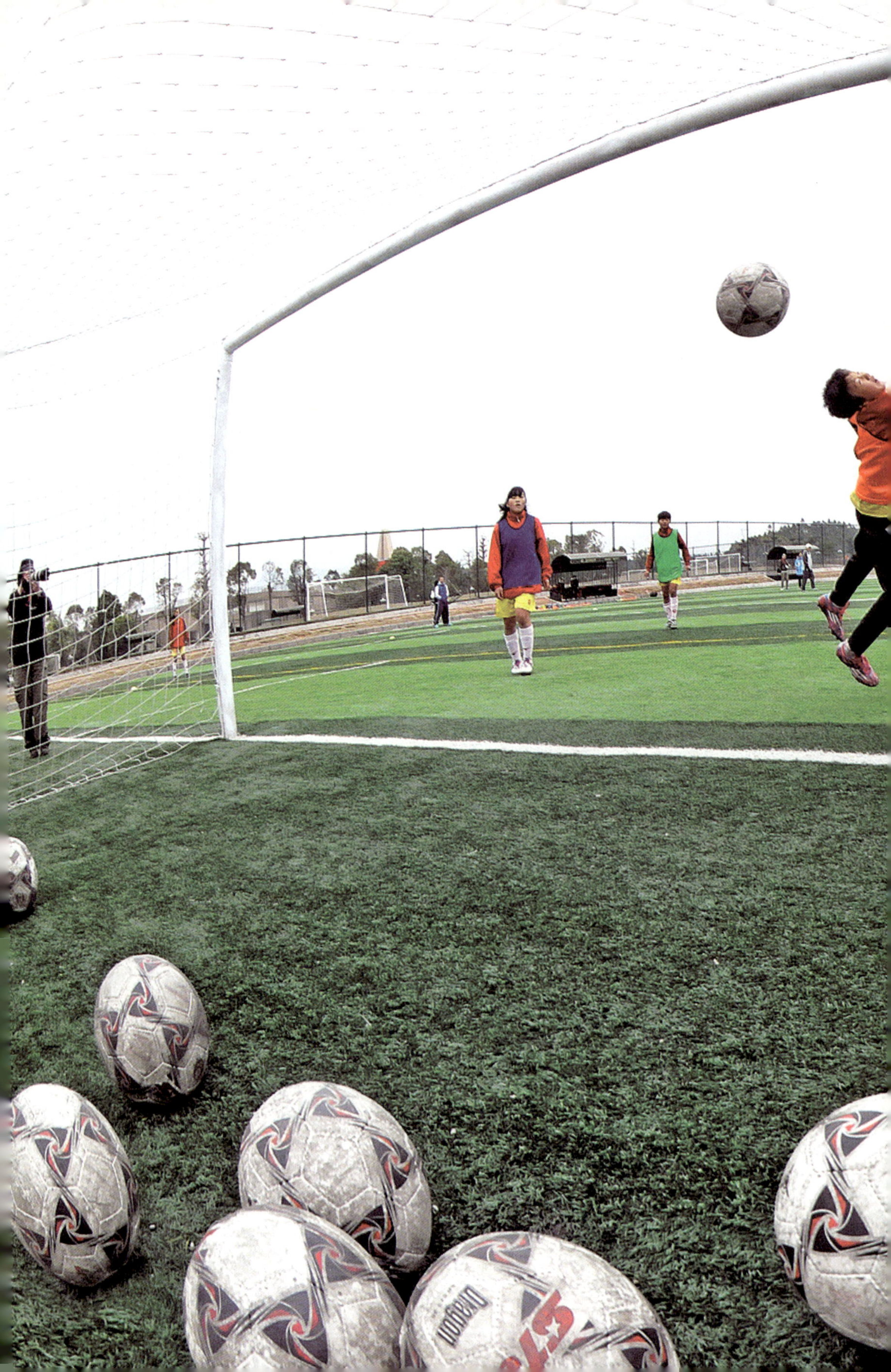

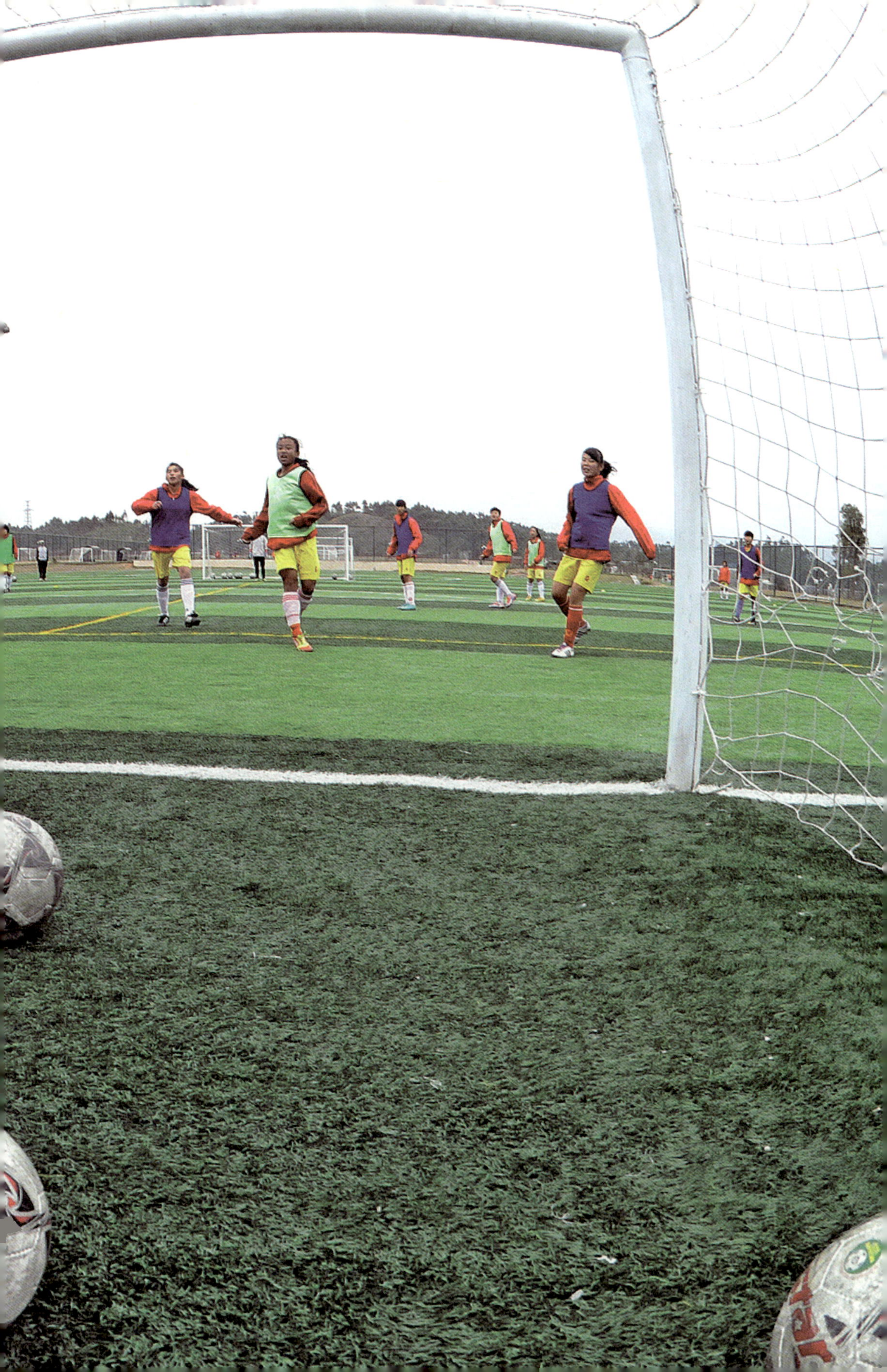

马拉多纳、野兽特维斯、贝隆等。所以博卡青年足球俱乐部绝对是世界上伟大的俱乐部之一，是阿根廷当之无愧的豪门俱乐部。

博卡队徽的形状自始至今没有更改过，于1955年球队庆祝50周年时加上月桂枝叶及采用配衬球衣的颜色。自20世纪70年代开始，当球队每夺得一项锦标，队徽上将添加一颗星星，本土锦标加在球队英文简称上方，而国际赛锦标则在下方。

博卡的主场——博姆博内拉体育场（Estadio Alberto J. Armando），是位于阿根廷首都布宜诺斯艾利斯的La Boca区。由于主场形状是长方形，像巧克力盒一样，故又被称为La Bombonera（即"巧克力盒"），从而得到了知名度很高的昵称"糖果盒球场"。球王贝利曾说："我在全世界这么多的球场踢过比赛，但都没有感受到像在博卡体育场那种气氛——我们走出球员通道的瞬间，球场好像都开始震动了！"马拉多纳也将其誉为"足球的圣殿"。

格拉斯哥流浪者：苏格兰霸王的崛起

在英国，与曼联并驾齐驱的足球俱乐部还有格拉斯哥流浪者（Glasgow Rangers FC）。1872年，4名足球爱好者彼得·麦克尼尔（Peter McNeil）、摩西·麦克尼尔（Moses McNeil）两兄弟以及麦克比斯（Willian McBeath）、彼得·坎贝尔（Peter Campbell）在格拉斯哥公园的弗莱舍河岸与一群踢球者相会，他们萌生了组建一支足球队的想法。很快，同年5月他们在弗莱舍河岸进行了球队的处子战，0：0与卡兰德（Callander）握手言和，这标志着球队的正式建立。而流浪者（Rangers）这个名字是摩西·麦克尼尔在一本关于英式橄榄球的书中得到的灵感。1876年，球队逐渐成熟，摩西·麦克尼尔成为流浪者历史上首名国脚，参加了苏格兰对阵威尔士的国际比赛。

1874年成立的苏格兰杯久负盛名，流浪者在1877和1879年两次决赛失利后，终于在1894年首获苏格兰杯冠军，决赛中3：1击败了凯尔特人。值得一提的是1887年，流浪者受邀参加了英格兰足总杯并杀入四强，在半决赛输给了阿斯顿维拉。19世纪末的流浪者已经展现出即将成为苏格兰足坛顶级球队的风貌，1897和1898年赢得苏格兰杯，1899年以18场全胜战绩拿下联赛桂冠，同年俱乐部成为有限公司，比赛顾问威尔顿（William Wilton）成为球队首位正式主教练，并且任命亨德森（James Henderson）担任俱乐部董事会主席，同时开始了主场埃布罗克斯球场（Ibrox Stadium）的改造计划。20世纪初的流浪者继续获得成功，1900—1918年，流浪者拿下7座联赛冠军，在1919年卫冕失败后，1919—1920年赛季的流浪者拿出了杰出的表现，在威尔顿及助手斯特鲁斯（Bill Struth）的率领下，球队在42场比赛打进106球重夺冠军。然而1920年5月在一起轮船事故中，威尔顿不幸遇难早逝，斯特鲁斯因此被推向前台，流浪者开始了长达34年的斯特鲁斯时期。斯特鲁斯在战火纷飞的岁月里为流浪者带来了18座联赛、10座杯赛及2座联赛杯冠军。1948—1949年赛季，流浪者拿下国内赛事三冠王，开创了苏格兰足坛的先河。斯特鲁斯是流浪者最伟大的教练之一，为了纪念他的丰功伟绩，后人把球队主场伊布罗克斯的主看台命名为比尔·斯特鲁斯看台（Bill Struth Stand）。

格拉斯哥流浪者足球俱乐部拥有悠久而辉煌的历史，球队迄今为止赢得113项主要赛事荣誉（截至2010年），流浪者俱乐部保持着历史上52次夺取国内顶级联赛冠军，7次国内赛事三冠王的世界纪录，同时18次夺得双冠王的纪录，仅次于北爱尔兰球队林菲尔德。1961年，流浪者打进欧洲优胜者杯决赛，成为首支打进欧洲赛事决赛的英国球队。1972年，流浪者在诺坎普球场战胜莫斯科迪纳摩，摘取优胜者杯冠军。另外1961、1969年两次拿到该项赛事亚军。2000年，流浪者赢得俱乐部历史上第100项重大赛事锦标，为世界首支达到此项荣誉的足球俱乐部。2008年，流浪者打进欧洲联盟杯决赛，决赛当天来自世界各地超过20万的流浪者球迷前往决赛地曼彻斯特，他们当中绝大部分都没有比赛门票，这样一支球队绝对是当之无愧的苏格兰霸王。

广州恒大淘宝：华南虎雄风

广州恒大淘宝足球俱乐部（Guangzhou Evergrande Taobao Football Club）是中国广州的一所职业足球俱乐部。2011年赛季启用广州天河体育场作为主场至今。

广州恒大淘宝足球俱乐部前身是成立于1954年的广州市足球队。1993年1月，广州市足球队通过和太阳神集团合作，成为中国第一家政府与企业合股的职业足球俱乐部。2010年3月1日，恒大集团买断球队全部股权，俱乐部更名为广州恒大足球俱乐部。2012年首次参加亚洲足球俱乐部冠军联赛并进入八强，2013年获得亚洲足球俱乐部冠军联赛冠军，这也是中国足球俱乐部第一次问鼎该项赛事的冠军，同年获亚足联最佳俱乐部奖。2014年6月5日，阿里巴巴入股恒大俱乐部50%的股权，同年7月4日俱乐部更名为广州恒大淘宝足球俱乐部。2015年2月26日，里皮辞去恒大主教练职务，卡纳瓦罗接任。同年6月4日恒大官方宣布卡纳瓦罗下课，巴西名帅路易斯·菲利佩·斯科拉里上任。

截至2016年2月，广州恒大淘宝足球俱乐部已连续五次获得中超联赛冠军，也是中超联赛中夺冠次数最多的球队，并获得两次中国足球超级杯冠军和一次中国足协杯冠军、两次亚冠联赛冠军。2016年2月27日，恒大夺得2016年赛季首冠——超级杯冠军。

恒大淘宝足球俱乐部队徽整体形状为一个大型盾牌，寓意坚不可摧、牢不可破、无懈可击，也代表荣耀、力量和威严。盾牌上方设计为皇冠样式，象征高贵身份和王者风范，整个设计与俱乐部的发展理念相辅相成，预示着广州恒大队决心打造百年豪门俱乐部，铸就悠久历史品牌，誓为王者霸主的壮志雄心。盾牌顶端的五珠宝石延，"五"有着五行天源、万物天成、九五至尊的含义，也与俱乐部成立之初制定"五年夺亚冠"的宏伟目标遥相呼应。盾牌中央，一只咆哮的华南虎屹立在浓浓烈焰中，寓意着百折不挠、奋发拼搏、实力与激情的精神。华南虎下方的烈焰寓意俱乐部发展蒸蒸日上，球队战绩彪炳，烈焰猛虎与下方的足球组合起来，自然表明了此队徽所代表的现实意义，也传达了俱乐部振兴广州足球乃至中国足球的理想。盾牌上方写有俱乐部座右铭"BE THE BEST FOREVER"，中文意思是"永做最好"，传达了俱乐部成立之初，掌门人许家印提出的"要么不做，要做就做最好"的豪言壮语，充分显示了要做最让人羡慕的俱乐部、综合实力最强的俱乐部、最受人尊敬的俱乐部的决心。盾牌下方的绶带代表荣誉，绶带上的"GUANG ZHOU"代表广州队，表明俱乐部一脉相承正宗广州"血统"，致力成为广州足球的最杰出代表，寓意为广州足球带来更多的奖杯和殊荣，为广州增光添辉。

队徽主色调为红黄相配，红色代表热情、鼓舞、吉祥，黄色代表灿烂、辉煌、尊贵，与球队球衣主客场指定颜色统一。白色足球代表文明竞技、洁身自爱，给出一个不造假不涉黑的承诺。

北京国安：京城之作的辉煌

北京国安足球俱乐部是一家位于中国首都北京的职业足球俱乐部，主场为工人体育场，是目前为止唯一一家代表北京参加中国足球超级联赛的足球俱乐部。它成立于1992年12月31日，是中国足球甲级A组联赛和中国足球超级联赛的创始会员，也是目前仅有的参加了所有年份的中国顶级联赛的三支球队之一，还是中国足球界唯一一支从未变更过投资方并始终参加顶级联赛的球队。

在竞技方面，国安俱乐部自中国足球职业化以来长期位居积分榜前列，其中在2009年赛季，获得了队史上首个中国顶级职业联赛的冠军。此外，俱

乐部还分别在1996、1997和2003年三度夺得中国足协杯冠军，并于2008—2010年连续三年代表中国参加亚洲冠军联赛。在2013年闯入亚冠16强，是北京国安最佳战绩。

北京国安足球俱乐部的队徽是2002年9月11日发布的第二版队徽。新队徽着力突出国际感和现代感，以便于公众辨识，有利于俱乐部的宣传。盾形的外观寓意着团队协作；英文"GUOAN"让队徽更容易识别和记忆，而且与国际接轨；位于队徽中间的立体足球既是英文字母"O"，又表明了俱乐部致力于发展足球产业的目标；中间的CITIC标志代表中信公司，对中信公司标识的沿用则反映了俱乐部的背景，同时也有助于公众的延伸识别。舞动的飘带代表了俱乐部所取得的成绩和荣誉；飘带的颜色选择了黄色，因为黄色是高贵、地位和成就的象征，而绿色则是国安俱乐部的主色调，蕴含了蓬勃向上的勃勃生机。

上海绿地申花：中国足球急先锋

上海绿地申花足球俱乐部（Shanghai Greenland Shenhua Football Club）是中国上海的一支职业足球俱乐部，简称申花，现征战中国足球超级联赛。球队主场为上海虹口足球场。曾获1995年甲A联赛冠军，1998年中国足协杯冠军，1995、1999、2002年中国足球超霸杯冠军，2007年东亚A3联赛冠军等荣誉。

俱乐部的前身是上海申花足球俱乐部，成立于1993年12月10日，由专业体制的上海足球队改组而来，是中国足球甲A联赛的创始球队之一。2000年2月，俱乐部所有权发生变更，原投资方上海申花集团退出，七家上海大型国有企业成为新投资方。2001年12月，上海广电集团、上海文广集团等单位收购俱乐部，并将其重组为"上海申花SVA文广足球俱乐部"，2004年成为中国足球超级联赛的创始球队之一。2007年2月，俱乐部被第九城市董事长朱骏收购，并与上海联城足球俱乐部合并，翌年更名为"上海申花联盛足球俱乐部"。作为中国足坛的老牌劲旅，上海申花队在1994年赛季至2013年赛季共取得过1次顶级联赛冠军、8次顶级联赛亚军及8次亚冠（含亚俱杯和亚优杯）参赛资格，是中国第二支获得职业联赛200场胜利的球队。

2014年1月30日，上海绿地集团正式宣布接手俱乐部，同年2月将其更名为"上海绿地足球俱乐部"，队名则更改为上海绿地申花队。2015年1月，俱乐部更名为"上海绿地申花足球俱乐部"。2015年赛季，绿地申花获得中超联赛第六名和足协杯亚军。

江苏舜天：中超联赛冉冉升起的新星

江苏舜天足球俱乐部（Jiangsu Guoxin Sainty Football Club）是中国江苏的一所职业足球俱乐部，也是中超联赛中一颗冉冉升起的新星。球队主场为南京奥林匹克体育中心体育场，曾获1992年甲B联赛冠军、2008年中甲联赛冠军、2012年中超联赛亚军、2013年中国足球超级杯冠军、2014年中国足协杯亚军、2015年中国足协杯冠军等荣誉。

俱乐部的前身江苏省足球队成立于1958年4月，1994年3月28日改制为职业俱乐部，是中国足球甲A联赛的创始球队之一。2000年1月7日，江苏舜天集团成为球队的主投资商。2008年初，国信集团成为球队的冠名商，江苏舜天队更名为江苏舜天国信队。2011年初，江苏舜天集团和江苏国信集团重组合并，国信集团成为主投资商，球队更名为江苏国信舜天队。2014年初，俱乐部更名为"江苏国信舜天足球俱乐部"。2015年12月21日，苏宁集团正式接手俱乐部，将其更名为"江苏苏宁足球俱乐部"。2015年赛季，球队获得中超联赛第9名和中国足协杯冠军，并将以杯赛冠军的身份直接进军2016年赛季的亚足联冠军联赛正赛。

河南建业：逐鹿中原的狂野

河南建业足球俱乐部是由建业住宅集团（中国）有限公司与河南省足球协会合作组建的一个足球俱乐部，是河南省唯一的职业足球俱乐部，在众多俱乐部中一直发展平稳，颇具实力。

1999年1月建业住宅集团（中国）有限公司买断河南省体委持有的股份，俱乐部成为建业集团旗下的独资企业，球队成立至今未更换过俱乐部后台老板，是中国足球超级联赛16支参赛球队之一。在十余年甲级联赛的角逐中，建业经历了严峻的考验：两次降为乙级，终于在2006年问鼎中甲，并于2006年10月14日提前两轮冲超成功，整赛季仅负1场，被中央电视台《足球之夜》称之为"中原足球复兴运动"。2007年赛季是河南建业首次参加中超比赛，2009年赛季河南建业取得中超联赛第3名。2012年赛季结束后，河南建业降入中甲联赛。2013年10月26日，河南建业主场2∶1战胜天津松江，提前一轮夺得2013年赛季中甲联赛冠军并重新返回中超联赛。2014年6月，俱乐部成立20周年纪念晚会在航海体育场举行。河南建业也是中国第一支完全拥有自己主场的足球俱乐部（第二支为青岛海牛俱乐部）。

河南建业足球俱乐部的队徽从1997年开始几经修改。2012年，河南建业的队徽圆圈外围从玫红色改为正红色，与绿色构成对比色，用黑色的中性色间隔，既对比强烈又不至于显得"红配绿"，此版队徽使用至今。

第二篇

功能无限
gongnengwuxian

"13亿中国人，就不能找到11个踢球好的吗？"

为什么大家会有这样的感慨？中国到底有多少人在踢球？我们什么时候能够举办世界杯？贝克汉姆为什么被称作高速印钞机？C罗的商业价值到底是什么？……

许多有趣的故事，能在轻松愉悦中开阔视野，增长见识。足球运动不仅让我们学会拼搏，学会坚持，也学会了诚实和尊重，更让我们明白，只有团结才能创造奇迹。当然，足球场上也经常会有诸如肌肉拉伤、扭伤、骨折等我们不愿看到但又避免不了的事情发生，如何避免这些损伤？受伤后又该怎样紧急处理与康复？本章都一一介绍，给我们指出了正确、合理的处理方法。

知识性、趣味性、启发性融于一体，让我们在掌握科学知识的同时，懂得更多的科学道理，让我们更加热爱这一世界上最大的体育运动。

第一节　足球经济学

科普·小·知识

足球人口知多少?

　　足球人口,指的是每周进行两次或两次以上足球活动的人数。它和注册足球运动员有区别,后者指的是加入专业或业余俱乐部,并在国家足协和地方足协注册登记的球员。根据国际足联公布的数据,在目前208个会员国中,参与足球运动的男子足球运动员有2.5亿,女子足球运动员超过了3000万。德国人口8000多万,注册足球运动员超过了600多万,其中女子足球运动员也有100多万,也就是说,德国将近1/12的人都会踢球。

　　足球基本上还是欧洲人和南美人的游戏,如今中北美因为地缘和文化的联系也渐有起色。虽然非洲曾因作为殖民地,与欧洲的联系更紧密,足球的发展比亚洲好一点,但开展仍很有限。

　　亚洲是人口大国,2010年统计,亚洲总人口约为40亿,占世界总人口的约60.5%,亚洲足球人口却少得可怜。除了日本、伊朗等少数国家还能在世界杯上走走过场外,其他国家均可忽略不计。有着13亿人口基数的中国,目前注册的足球运动员,中国足协给出的数据不到1万。

中国到底有多少人在踢球?

"13亿中国人，就不能找到11个踢球好的人？"有人如此感叹。殊不知，中国的人口是多，但足球人口太少，这是一个不争的事实。

中国到底有多少人踢球？　我们的足球人口到底有多少？中国足协给出的注册球员数是8000人，国际足联说有2600万足球人口，居世界第一。中国足球究竟吸引了多少人参与？一位常年生活在西班牙的国际足球专家说，西班牙除了有为数众多的职业和半职业球队，更多的是一些自发组织的社区球队和行业球队，甚至一帮好朋友热爱踢球也能组一支队。只是他们比较认真，喜欢到当地足协给自己注册，以示规范和组织严明。相比之下，如果中国更多的业余球队、足球爱好者以及学校球队，愿意到当地足协备案，恐怕数字远远不止百万，这也许是国际足联给出这个数据的由来。以重庆为例，虽然只拥有两支职业球队和数支专业足球梯队，"注册球员"人数不过数百人，但每到周末，重庆主城区内的数十个足球场，却总是人满为患，上百支业余球队的数千人在享受足球之乐。如果算上大、中、小学那些热爱足球的孩子，真正投身足球运动的重庆人，也至少在万人以上。

《中国足球改革发展总体方案》2015年2月27日出台计划，到2025年要建5万所足球特色学校，足球人口5000万，想象那样的远景，真是令人期待。

主办世界杯有什么好处?

2014年世界杯在巴西举行，球赛带来的旅游经济效应已经显现。巴西每年大约只有600万观光客，远远落在其他观光胜地之后，例如法国2013年吸引8300万游客，美国也有6700万游客。巴西旅游部估计，世界杯期间大约有370万外国游客涌入巴西，假设每位游客观看四场比赛，在巴西停留期间便会花费约2488美元，对巴西经济贡献约30.3亿美元。据巴西总统罗塞夫推测，本次世界杯使巴西的国内生产总值增加0.5个百分点，一场世界杯使巴西全年经济增长四分之一。

巴西以主办世界杯为契机，也借机把巴西独特的民族风情文化和自然美景展现给了全世界，既增加了客流量，又提升了国际影响力。

2006年德国世界杯足球赛期间，德国旅游全年的收入大约增加7%，达250亿欧元。更难能可贵的是，91%的游客表示愿意向朋友推荐德国作为旅游目的地，此举令德国的旅游业长期受益。

可见足球衍生出来的旅游热点，使得举办国赚个盆满钵满，对当地的经济发展产生了重大推动力。

足球运动有什么公益性？

第十七届世界杯足球赛（2002 FIFA World Cup Korea/Japan），于2002年5月31日至6月30日在韩国和日本举行。这是历史上首次由两个国家联合举办的世界杯足球赛，亦是首次在亚洲举行的世界杯。韩国时任总统金大中曾经宣布，2002年韩日世界杯将使韩国的生产总值增加11万亿韩元（约合

8.4亿美元），并带来5万亿韩元的税收收入，创造35万人次的就业机会和88亿美元的连带效益，而且将从40万名游客的消费中获得6825亿韩元的收入，这样除去各种附加值和各种支出，韩国最终将会从中赢利近14.4亿美元。

建造的体育场馆在比赛之后可将它"借"给学校上课使用，开发空闲时间以提高场馆的开放效率。

足球运动是和平的竞赛，它具有很强大的公益性，有助于社会公益事业的发展，维护社会稳定与和平，为经济的迅速发展创造稳定的环境。

什么是"伯尔尼奇迹"？

1954年第5届世界杯在瑞士举行，由强大的匈牙利队和德国队（原联邦德国队）进行决赛。 7月4日，瑞士伯尔尼决赛开始了，开场仅8分钟，匈牙利队就连进2球，然而从第10分钟开始，德国队发动了绝地反击，他们先是连进2球将比分扳平，并在下半时第84分钟由拉恩打进致胜球超出，德国人不可思议地以3：2打倒了匈牙利巨人，创造了世界杯历史上最神奇的决赛。这场载入史册的决赛被称之为"伯尔尼奇迹"。

1954年战后的德国经济一片萧条，国民处在被敌视的地缘环境中，对国家的信心很低落，正是这场决赛使德国人找回了自信，如一针强心剂唤醒了全联邦德国。赛后队员受到英雄般的待遇，球员也频频出现在汽车、冰箱、电视等当时迅速发展的工业产品的广告中，这些广告刺激着人们的消费，那届世界杯期间和之后，德国的电视机销量增长了80%。

"伯尔尼奇迹"后的1955年，是德国历史上经济增长最为强劲的一年，年增长率达10.5%，机动车辆涨幅达19%。

"伯尔尼奇迹"也成为德国社会的凝聚剂，球员们的比赛精神被贯彻到社会经济发展的各行各业中，也逐渐演化成日后奠定"德国制造"声誉的"德国品质"。

你知道世界杯的第一个吉祥物吗?

你知道世界杯的吉祥物吗?从1930年的第一届乌拉圭世界杯起,前七届世界杯均没有吉祥物,直到1966年世界杯的举办地回到现代足球的发祥地英格兰,才有了第一个世界杯吉祥物。

英格兰队被誉为"三狮军团",这一届的吉祥物也以狮子为原型,塑造了一个活泼可爱的卡通狮子形象,并取名"维利"。

"维利"的发型是当时英国年轻男子流行的发型,发质的色泽选择了代表庄严、正统和权威的灰白色,这套发型几乎引领了英国在整个六七十年代的潮流。它的上衣,直接用一面英国国旗剪裁制成,"米"字图案的服饰在这届世界杯期间成为了整个英国最时尚的元素,直到70年代后期,国旗图案的服饰仍然是欧美各国的流行风。

他的红色球鞋是当时英国最著名的球星乔治·贝斯特所钟爱的,随着"维利"的家喻户晓,当时的英国男孩也兴起了穿红色鞋的风潮。

从那以后,世界杯都有自己独具特色的吉祥物,如2010年南非世界杯的豹子"扎库米"、2014年巴西世界杯的犰狳都非常有名。

吉祥物都有举办地的地域特征和象征含义,且具有纪念意义,深得人们的喜爱。商家就抓住人们的心理,纷纷把它们制作出来,以薄利多销的形式获得了丰厚的利润。

足球电视转播费是怎么回事?

世界杯的转播权,是以国家和地区为单位销售的。如果转播商通过互联网提供比赛视频,也会查验网民的IP地址,以决定其是否有资格获得自家的视频服务。

FIFA的转播费收入是非常可观的。FIFA将2002年和2006年世界杯的转播权捆绑销售给了德国基尔希传媒公司和瑞士ISL，其费用就达到25亿美元，是1998年法国世界杯转播费用的整整10倍。国际足联官员透露说，通过出售2010年南非世界杯赛的电视转播权，国际足联将获得27亿美元的收入。

电视转播费也是西方发达国家职业足球俱乐部可靠的主要经费来源之一。2015年英超官方宣布此后3个赛季的转播权出售给天空电视与英国电信公司，转播总价达到51.36亿英镑，这意味着未来每一场英超的转播费达到450万英镑。可以说，欧洲职业足球俱乐部个个都是"印钞机"，其高超的足球水平和娴熟的商业化运作，为其赢得了巨大的商业价值。

我国现时状况是足球行业需要求助于电视台等媒体单位去扩大影响，在经营电视转播方面，各俱乐部都有相当难度。大多数电视台都采取电视转播当地比赛，但不付给俱乐部转播费，仅给出一定的广告时段由各俱乐部自主经营。

足球赛为什么会有那么多广告？

当球场周边护栏上的品牌广告每30秒一翻页；当球员进球后撩起上衣，冒着被惩罚的风险，露出写着某公司名字的裤边在镜头下奔跑；当记者招待会上连球员话筒前的小屏幕也在不断翻着广告……观众在观看世界杯比赛的同时，各种品牌广告都尽收眼底：阿迪达斯、阿联酋航空、索尼公司、现代、可口可乐、佳能……可谓清一色的"大牌"企业。

据德勤会计师事务所统计，巴西世界杯电视广告收入将创纪录地超过29亿美元，包括可口可乐、强生、现代、雀巢及伊塔乌银行、Oi通讯等巴西本土公司，在为期32天的世界杯赛事期间，每日的广告投入额均达到200万美元。此外，参赛的32支球队中每支球队都有不少于15家的赞助商。

体育是世界通用"语言"，体育竞技在给人们带来快乐和健康的同时，也因其大众化、观赏性、易参与等特质，给企业品牌塑造带来了无穷的想象空间，给体育营销活动带来了广阔的创新空间。

2012年欧洲杯1/4决赛正好赶上中国端午节小长假，三五知己相约，带上全家人自驾同去"农家乐"，白天孩子们玩，夜里几家的男主人一起看球赛、喝啤酒、吃夜宵，这种生活在端午小长假期间已成为许多家庭的选择。

遥远赛场上的欧洲杯已经影响了中国人的生活。都市类媒体每天推出的欧洲杯特刊、网站上的欧洲杯专题和手机上可免费下载的欧洲杯赛程，无处不在的欧洲杯资讯充满了眼球；酒吧、餐厅想着怎么吸引球迷；啤酒、饮料、小吃等销量不断攀升……

体育赛事尤其适合"快销品"做营销，包括体育用品、运动服饰、饮料、药品、各国的小旗帜、球迷的围巾等，这些产品在比赛期间销量都很火热。网络购物更是有了新卖点，从队服到零食、到有助睡眠的耳塞等，都可直接送到家。

据粗略估计，在20多天的欧洲杯比赛日里，有超过15亿人次的中国人通过各种方式观看赛事，以每人次消费10元计，这个最基本的看球市场是150亿元。再加上相关的衍生产品，这个商机远比端午节还要大。

足球"钱"景

英国的足球运动

英国仅有6000多万人，约有2900万年龄在16岁以上的成年人参加体育活动。在19世纪和20世纪的大部分时间里，英国人不仅统治着一个幅员辽阔的帝国，还构建了现代体育的框架，孕育了现代体育的诸多项目。

英国影响力最大的体育赛事当属英超足球联赛，电视转播费、赞助费和出售门票的总收入使英超成为全世界非常赚钱的足球赛事，也吸引了众多国际球星前往加盟，英超的外援比例已达六成之多。

根据《福布斯》杂志评选的世界体坛最有价值俱乐部排行榜，英超豪门曼联以18.6亿美元的价值雄踞榜首，击败达拉斯牛仔、纽约洋基等巨头，连续第三年雄踞世界第一位。

得益于英超的成功，英格兰队是世界上粉丝最多的球队之一，虽然自1966年本土夺冠以来，英格兰队在世界杯上始终表现平庸，但这并不影响其风光无限。而贝克汉姆转会皇家马德里，更是足球商业化运作的成功典范，这些都值得起步较晚的我国体育产业借鉴。

贝克汉姆堪称"印钞机"

提到贝克汉姆的魅力，没有什么比金光闪闪的数字更加直观。在英国《每日邮报》列举出的2002年英国30岁以下富豪榜上，贝克汉姆夫妇以4800万英镑名列第四，相当于英国王子威廉和哈里资产的总和，成为世界足坛年收入最高的运动员。

年轻的贝克汉姆到底是怎么致富的呢？其实高额年薪并不是最主要的，当时拿着欧洲最高年薪的雷科巴在球员富豪榜上根本就找不到，主要的原因还是在球场之外。

尽管足球为贝克汉姆带来的财富并不是这个职业球员所拥有的全部，但"球员"无疑是贝克汉姆众多身份中最本质、最坚实的一个，这是贝克汉姆走上黄金大道的根本原因。

贝克汉姆的赚钱生涯始于18岁，那时刚刚从曼联青年队晋级到一队的小贝拿到了20万英镑的签约费和2500英镑周薪，总年薪大约有10万英镑，这给了他一个完美的开端。

在曼联效力期间，贝克汉姆凭借帅气的外表和鬼斧神工的右脚任意球，逐渐成长为一名国际巨星，于是他的薪水不断攀升。根据贝克汉姆与曼联俱乐部签署的合同，贝克汉姆除了每周的周薪外，还得到曼联支付的2万英镑的肖像权使用费。也就是说，单单足球一项，贝克汉姆每年的收入就达到450万英镑左右。

这个被中国球迷亲昵地称为"小贝"的人，是足球世界里第一个真正意义上的超级巨星，更是一个超越了体育范畴的世界品牌。与绝大多数体育明星不同的是，从竞技场上隐退并没有让他从公众眼中消失，反而让他有机会将自己的品牌打造得更加闪亮。

在2007年移居美国之后，贝克汉姆先后和阿玛尼、Sharpie、雅虎、EA、三星电子、汉堡王等品牌建立了合作伙伴关系。其中最重量级的是和H&M的合作，他亲自设计并推出了自己的内裤、T恤和睡衣品牌，华尔街的分析师认为，这个牌子的年度零售总额有望突破1亿美元。此外，还有不断推陈出新的贝克汉姆香水等其他签名款商品等等。他的商业行为已经完全打破了一个体育明星，尤其是足球明星的传统模式，贝克汉姆已成为一个时尚的娱乐巨星。

梅西的金球奖

虽然在获得金球奖前，梅西已经成为这个星球上收入很高的球员，但他的职业合同仍然有若干缺陷。至于他的广告收入，虽然已经很高，但仍没有

被公关界视为偶像人物。现在，金球奖在把梅西纳入到自己家族的同时，也给梅西的商业价值镀上了一层金。按惯例，梅西获得金球奖后在下一年很可能无法保持同样的状态，但在商业价值方面，挖掘潜力将极大提升。

金球奖对他的工资收入的影响显得滞后，对梅西的商业广告的影响却是很直接。关注到梅西潜力的不仅仅是足球圈，百事可乐、万事达信用卡和阿迪达斯、PES足球游戏、欧洲航空、Sabadell银行和米勒拉斯手表（梅西牌手表）、腾讯网、奇瑞汽车等众多国际品牌已开始在梅西身上投资，甚至连阿根廷女性内衣品牌，都选跳蚤代言。据统计，过去一年梅西的广告及商业活动收入高达1600万欧元。

这是一个让人眩目的数字，不过，广告和公关界一致认为梅西的市场潜力还有待开发。从事体育明星经纪的Sportlab公司总经理吉尔·杜马斯认为："梅西的技术天赋是公认的，但是他还不是一个偶像。齐达内退役后，足球界缺乏一个这样的偶像人物。对于跨国集团来说，他们需要这样的偶像。梅西有这样的潜质，但是他还太腼腆，在广告形象上还缺乏足够感召力。不过随着时间的流逝，梅西的逐渐成熟，他的商业价值会越发凸显。"

毫无疑问，对于这个缺陷，金球奖是最好的弥补。对年轻的梅西来说，他的职业生涯还会经历怎样的高峰几乎没有人可以预料。但是，在商业开发上，只要梅西能够保持状态，那么他将会成为一个比贝克汉姆和亨利还让跨国企业向往的目标。阿迪达斯在巴黎香榭丽舍大街上举行的新品展示会上，梅西已显示出这样的魅力，当时十几个保镖都无法阻挡数百名狂热的球迷。现在，顶着金球奖光环，梅西的明星效应会愈发放大。

C罗的无限"钱景"

2009年6月27日，西甲豪门皇家马德里正式宣布以高达8000万英镑（约合9600万欧元）的转会费与C罗签约。皇马不仅希望这次转会能提高球队的整体实力，更希望充分开发C罗的商业价值，把他打造成世界足坛最赚钱的

球星。

　　"钱景"是转会的重要因素。皇马针对C罗规划了一份发展计划，全方位包装这位足球明星，将C罗培养成经济带动竞技规划的核心人物。不少广告商也看好C罗超凡的个人魅力，加上急剧上升的人气和关注度，国际著名洗发水品牌清扬力邀C罗出任旗下男士系列全新代言人，更不惜砸下重金为C罗打造充满大片感觉的广告。这次的代言费据说也是创新高，让外界纷纷揣测代言费与其转会费相比究竟哪个高。

　　英国体育营销专家就曾对媒体表示，依照C罗现在的商业价值，每年应该能赚到2100万欧元，而皇马每年还会向C罗支付高达1300万欧元的年薪。再加上俱乐部为C罗量身定做的商业推广计划，到C罗34岁的时候，他应该拥有超过2亿欧元的身价。

韩国足球的蓬勃发展

韩国体育产业已经发展为国民经济的重要组成部分。作为中国近邻以及东亚地区传统足球强国，韩国足球联赛的蓬勃发展，值得我们了解和借鉴。

在韩国，足球领域也是产业资本的斗秀场。经典K联赛多数球队由大财团赞助。韩国足球联赛分为K1联赛、K2联赛和N联赛，总共3级。此外，还有一个实业联赛，属于半职业性质，只有企业队参加。

经典K联赛（K League Classic）是韩国足球联赛中最高级别的赛事，相当于中国足球超级联赛。经典K联赛成立于1983年，有12支队参与角逐。这12支队分别是：全北现代、FC首尔、浦项制铁、水原三星、蔚山现代、光州市民、全南天龙、济州联队、城南一和天马、釜山偶像、仁川联合和大田市民。

大部分K联赛球队都是由韩国大型财团赞助，从它们的名字就可见一斑，队伍名称通常是主场所在地加上赞助企业之名。从赞助企业所属行业看，信息技术和制造业是参与主力，且都是民营资本。

这类大型财团不仅是球队赞助商，还参与赞助足球联赛。记者在K联赛官网赞助商栏就看到，除阿迪达斯等体育品牌外，现代石油（Hyundai Oilbank）、乐天七星饮料等企业也赫然在列。

从12支球队的组成看，除了财团赞助的球队外，还有一类是市民队。如大田市民队，这支球队在韩国非常有名，一方面，球队的成立是基于当地政府及人民的支持，而非由一家大财团所支配；另一方面，大田队还是韩国第一支发售股份的球队。

在韩国，通常赞助商没有以后，就变成了市民球队。这种市民队的优势是，球队可以永远留在这个城市，球队门票也可能很低，用这个城市的税养球队，当然也会有一些小赞助。缺点是没钱，买不起好外援、好内援，成绩上不去。毕竟职业足球是以成绩说话的。

巴西足球孩子的出口生产

巴西是全球最大的球员出口国，全球任何一个联赛都有巴西球员的身影。青训是巴西一个重要的"产业"。

里约海滩遍布市区，月牙形的弗拉门戈海滩风景如画。与中国不一样的是，这个黄金地段出现的不是成排的豪宅，而是连绵的足球场。滨海大道一侧，数十个人工草皮球场沿公路排开，每块场地上都是热闹非凡，孩子们忘乎所以地挥洒着汗水。场外，成群结队的孩子拎着足球鞋，随时等候上场，不少家长坐在一旁看着孩子们踢球。孩子们身着各式队服，年龄从10岁到18岁不等。巴西的球场都是政府修建，免费的，谁都可以用。于是海滩边成了很多小俱乐部的"青训基地"，一些俱乐部的梯队教练每天带着30多个孩子，结束半天的文化课程后，到这里进行训练。年少成名的巴西后卫马塞洛，就是从贫民窟被发掘出来，是这块训练基地的骄傲，更是孩子们的榜样。

巴西的足球人才培养模式，是金字塔形结构。路边和公园踢球的孩子多得数不清，俱乐部球探不定期地去转一转，发现好苗子后，带到俱乐部的青训营地加以培养。来之前，俱乐部会和孩子的父母签好合同，承诺保证孩子的训练场地、服装、装备等。当孩子进入大俱乐部后，向上发展的通道就变得很宽了。

巴西孩子在青训营训练，没有具体收费标准。一些家里富有的孩子会给俱乐部交一些钱，没钱的孩子就免费过来学踢球。将手里的"好苗子"出售给豪门，是他们收入的主要来源。

德国职业足球成经济"火车头"

著名的经济咨询公司麦肯锡曾在研究报告中指出，德国职业足球的意义不仅仅在于自身创造的效益，同时还给整个社会创造着巨大的价值。德国职业足球每年能产生50亿欧元的经济价值，占德国国内生产总值的0.2%，相当于一座德国大城市的生产总值。

麦肯锡报告称，职业足球带来的50亿欧元价值尽管远少于汽车或者机械制造业，但是基本上与采矿业和快递运输业持平。有趣的是，其中三分之二并非直接来自职业足球，而是其他的企业被足球所带动。德国俱乐部每创造100欧元的直接价值，就能带动德国其他经济部门产生240欧元的连带价值。在服装领域，职业足球带动着整个领域3%的市场份额，而在媒体传播领域，足球影响着其中2%的市场。麦卡锡研究员表示，这些分析都是从最保守的角度进行估算的。

有7万人的工作受益于这些俱乐部，如果算上临时工作，那么工作岗位可能达到11万。不过其中只有不到十分之一是各个俱乐部或者联赛委员会直接雇佣的，大部分都是与餐饮和酒店类相关。在服装行业，大约有3%的工作岗位与职业足球相关。麦卡锡在报告中说，这些工作岗位的平均年薪大概是25000欧元，属于德国的普通收入水平。

联赛委员会秘书长塞弗特说："我们的俱乐部为能够这样在经济领域发挥作用而感到自豪。"

第二节 快乐踢足球

足球教育

双料足球先生卡纳瓦罗

法比奥·卡纳瓦罗是广州恒大淘宝俱乐部前主教练，曾为意大利职业足球运动员，场上司职后卫，2011年退役。2002—2010年担任意大利国家足球队队长，保持着意大利国家队出场纪录：136场。

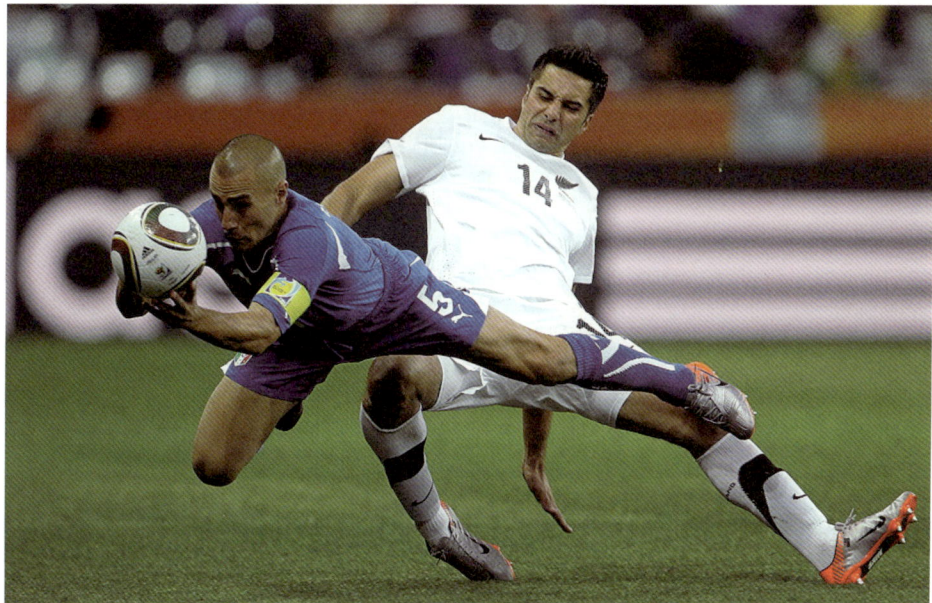

他是历史上第一个在后卫位置上获得双料足球先生的球员。2006—2007年，先后获得了世界杯冠军、西甲联赛冠军、欧洲金球奖、国际足联世界足球先生、《世界足球》世界足球先生等荣誉。

法比奥·卡纳瓦罗于1973年9月13日出生在那不勒斯市弗里格罗塔区，他的父亲帕斯夸尔就是一名狂热的那不勒斯球迷。那不勒斯注意到了他，但因年龄不够，卡纳瓦罗只能在街上与街坊邻居踢野球。10岁时，卡纳瓦罗顺利进入那不勒斯俱乐部，1986年进入那不勒斯青年队，1989年年仅16岁就入选那不勒斯一线队。他的足球生命的最初岁月，正是在那段神话般的那不勒斯的纯蓝中度过的，那是马拉多纳的时代，是迷倒无数那不勒斯球迷的时代。而球王马拉多纳和当时球队后场中坚费拉拉，也正是少年卡纳瓦罗心中最崇拜的偶像。

1993年卡纳瓦罗正式报名参加联赛，首个对手就是巨无霸尤文图斯，而他表现得毫无惧意，在与老将卡博尼和普拉特的对抗中丝毫不处下风。卡纳瓦罗表示："我没觉得意甲联赛和青年联赛有什么不同。"卡纳瓦罗的表现也深得里皮赞许，那一年他在里皮手下成为了球队主力，并很快入选了老马尔蒂尼挂帅的意大利U21青年队，并两次获得欧青赛冠军，随后还参加了1996年奥运会的比赛。

2006年7月，卡纳瓦罗加盟皇家马德里。在防守体系完全陌生的西甲赛场，他很快就适应过来，帮助皇马在暂别联赛冠军三年之后，2006—2008年连续两个赛季夺得西甲冠军。

2006年德国世界杯上，卡纳瓦罗迎来职业生涯的辉煌时刻，意大利队与法国队的决赛正是他的第100场国家队赛事。"黄沙百战穿金甲"，卡纳瓦罗这一次终于如愿以偿，意大利队在点球大战中击败齐达内领军的法国队，第四次获得世界杯冠军。卡纳瓦罗获得银球奖，并与其他6名队友（布冯、加图索、皮尔洛、托尼、赞布罗塔和托蒂）一起入围本届杯赛的全明星队。

当世界杯冠军意大利在2010年南非世界杯中三战不胜，最终惨遭淘汰时，意大利的球员在南非的赛场上流下了眼泪。作为队长的卡纳瓦罗却不行，他是意大利的象征，他代表着意大利的形象，他安慰着难过的队友们，鼓励他们继续自己的足球梦想，却在进入更衣室的路上流下了眼泪，男儿有泪不轻弹，只是未到伤心时。卡纳瓦罗，你是真正的男子汉；意大利，你是亚平宁不屈的国度。

贫民窟里的葡萄牙门将爱德华多

爱德华多·卡瓦略，1982年9月19日出生于葡萄牙米兰德拉的一个贫民窟里，从小就是足球狂热分子。小时候的爱德华多踢的就是门将的位置，因为家里贫穷，用的都是别人扔掉的破手套，爱德华多做梦都想拥有一副新手套。终于有一次在爱德华多生日时，父亲攒够了钱想去为爱德华多买一副新手套，作为礼物送给他，鼓励他坚持梦想，结果却在半路遭遇车祸，永远离开了他……爱德华多父亲手上还握着要给儿子买手套而辛苦攒够的钱。

2010年南非世界杯16强赛上，葡萄牙VS西班牙，爱德华多作为首发门将出场。赛前奎罗斯还对爱德华多说："你的父亲正在天堂上看着你呢！"赛场上的爱德华多表现十分出色，但还是被比利亚补射打入单刀球，葡萄牙因此遭到淘汰。赛后爱德华多失声痛哭晕倒在了赛场上，他想起了父亲。爱德

华多几乎靠自己一个人的力量，维护了葡萄牙足球的尊严。

爱德华多效力于葡超球队本菲卡队。2009年初，爱德华多顶替了原来的主力门将奎姆，成为葡萄牙队的主力门将，世预赛由他把守大门的8场比赛中，葡萄牙队6胜2平保持不败。

爱德华多职业生涯的初期可以用"卧薪尝胆"这样的词来形容，直到25岁，他才在葡萄牙顶级联赛中出场，超强的忍耐力也是他能够厚积薄发的原因之一。

葡萄牙向来不是一个盛产优秀门将的国度，过去黄金一代门将巴亚、2006年世界杯和2008年欧洲杯主力里卡多都有着明显的缺陷，如今稳健的爱德华多成为了葡萄牙国家队主帅奎罗斯的新宠，他没有巴亚优雅的外形，也没有里卡多不羁的性格，但他的稳健与踏实同样是前两代国门所不具备的。

放弃射门的福勒

那是1997年3月24日的一场利物浦VS阿森纳的英国足球联赛。当比赛进行到63分钟时，利物浦队的一名队员在后场突然将球大脚长传至前场，利物浦队前锋、22岁的世界级球星福勒伺机而动，随即高速插上，追着滚来的足球，完全穿过了对手防线，直插对方禁区。这时禁区里只有守门员西曼一个人。即使是技术平庸的前锋，也能将这个球捅入网底。面对冲上来想要"堵枪眼"的西曼，福勒将球向左前方轻轻一拨，想趟过西曼打空门，这样命中的把握更大些，同时也为了避免射门时与西曼冲撞。说时迟那时快，守门员西曼简直疯了一般，在福勒出脚的瞬间，不顾一切扑出球门，他要用身体堵住势在必进的足球。西曼十分清楚，这一扑有极大的危险，只扑住足球而不接触福勒身体的可能微乎其微，一旦扑到对方身上，自己必然受伤，还可能被罚点球。西曼明知后果，却还是奋不顾身地扑了上去。就在福勒已经完成百分之九十的破门动作，只差最后一击时，西曼已经闪电般扑到他的脚前。如果此时福勒出脚踢中了西曼，责任都在西曼，他没有犯规。就在这一刹那

间，福勒猛地将脚收了回来。由于出脚太猛，又收得太疾，身体失去平衡摔倒在地。为了避免对手受伤，他放弃了一次成功的辉煌。

主裁判分明看见，福勒是被西曼扑倒的，出示红牌将西曼罚出场外，并罚点球。面对这种判罚，进攻球员都会感到庆幸。可福勒却向裁判再三解释，西曼并没有碰着他，他是自己倒下的，请求裁判收回处罚。裁判被福勒感动了，修改了成命，没将西曼罚出场外，但是要罚点球。

点球由福勒主罚。福勒也许是因为心存内疚，主罚时显得漫不经心，罚出的点球质量并不算高，被判断准确的西曼飞身扑出。但球却脱手弹到了福勒队友麦卡蒂尔脚下，麦卡蒂尔捡了个漏，一脚将球送进了网底。

全场观众对福勒高尚的体育风范报以热烈的掌声和欢呼，其中包括支持福勒对手的观众。国际足联秘书长看完了这场球赛，也抑制不住敬佩之情，写信给福勒："这是一种保持足球运动团结的举动。在这场如此重要的比赛中，你表现出来的风范，将成为所有运动员学习的榜样。"

靠自己做自己的皮尔洛

皮尔洛出生在意大利的富豪家庭，父亲是钢铁大亨，其家族企业涉足50多个国家。在很多人眼里，他这辈子只要守住家业即可，根本不需要什么奋斗。然而，当他接触足球后突然觉得，和绿茵场相比，钢铁经营之类的事情简直索然无味。从此，他的梦想是成为职业球员。父亲骂他没出息，说："我可以买下一家足球俱乐部给你经营。"他却说："如果我整天躺在你的钱上睡觉才是没出息。"他不顾父亲的强烈反对，毅然走上足球之路。

在意大利足坛，防守的理念根深蒂固，无论教练还是球员，都不敢越战术纪律的雷池一步；防守能力出众的球员，尤其容易出人头地。而他，天生就流淌着进攻的血液，更热衷于在球场上穿针引线，随时给对手致命一击。因为他的足球思想违背了主流理念，导致他一度被排挤而成为边缘人物。

不得志的他，被租借到小球会布雷西亚。在这里，他遇到了生命中的贵人——罗伯特·巴乔。在巴乔的指点下，他迅速成熟，并开始走向辉煌。

2001年，他加入AC米兰队，主教练安切洛蒂独具慧眼，认为他的另类踢法正是意大利足坛的稀缺品种，决定对他委以重任。在实战中，他逐步成为球队的"大脑"，确立了领袖地位，为AC米兰摘取无数荣誉，并于2006年率领意大利队赢得了阔别24年的世界杯冠军。2012年6月，欧洲杯烽火重燃，意大利对抗世界霸主西班牙，又是他精准如导弹的传球，令意大利先拔头筹。赛后，西班牙媒体评价他为"绿茵场上的达·芬奇"。

他就是皮尔洛，国际足坛巨星。在他的商业家族里，他是非主流的；在他的足球王国里，他也是非主流的。他用另类的方式诠释着成功：靠自己，做自己，在自己热爱的领域里做到最好，才能实现自己最大的人生价值。

尊重是最好的规矩

尊重规则。没有规矩，不成方圆。如果没人遵守规则，足球比赛充其量只能算是孩童玩的小把戏。不遵守游戏规则的人，最终将被淘汰出局。足球运动员要严格遵守足球比赛的各项规则和纪律。

尊重对手。在足球比赛中，双方球员既是竞争对手，又是合作伙伴，只有双方共同努力，才能使球迷欣赏到精彩的比赛。足球运动是一项有身体接触的激烈争夺型运动，在比赛中不故意冲撞、推、拉、绊对方队员，保持风度和冷静；不指责、不辩解、不抱怨、不意气用事，在任何时候都要控制好自己的情绪。

尊重裁判。尊重裁判就是尊重规则。裁判在赛场上具有最高权威，要无条件服从裁判的判罚。比赛中多做善意表示，不恶语相向，不蓄意伤害，不吐口水，不做伸中指等侮辱人的动作。即使在受到误判、误伤时，也要学会冷静，有问题可以按照程序申诉，提高自己在逆境中的心理承受能力。

尊重观众。没有了球迷的喝彩，就减少了足球运动员拼搏的动力；没有了球迷的关注，就失去了足球比赛的意义。要对球迷的欢迎表示友好的回应，无论观众有任何不满的指责和过激的举动，都要给予最大的宽容和理解，决不做出轻视和侮辱球迷的举止和行为。

尊重别人。尊重别人就是尊重自己，也只有尊重自己才能受人尊重。遇上弱队，要尊重对手，更要放下架子努力踢球；遇上强队，要打出气势，奋勇拼搏，永不言败。时刻不忘自己是一名足球运动员，要对自己的言行、形象负责。足球是一项团体运动，尊重团队，不要让位置更好的队友为自己让球、让位，领先和失误时不胡乱表演。

踢球的孩子头脑并不简单

美国科学家发现，身体运动确实能让大脑变得更聪明，美国一个科研组的扫描结果显示，健康儿童的一个重要的大脑部位比不健康儿童的大12%。这些儿童一般比那些不爱运动的儿童更聪明，记忆力更好。

科学家认为，从小鼓励儿童多做运动，有助于他们以后在学校表现更出色。美国伊利诺伊大学的研究人员利用磁核共振摄影扫描，对49名年龄在9到10岁的儿童的大脑进行了研究，并让这些孩子在跑步机上跑步，测试他们的健康状况。科学家发现，更健康的儿童的海马状突起（负责记忆和学习的大脑部位）比其他儿童大12%，而且这些孩子在记忆力测试中的表现更好。

领导这一研究的亚特·克拉梅尔教授说，该发现说明从小鼓励儿童多做运动很重要。他说："我们知道，经历、环境因素和社会经济状况都对大脑发育有影响。如果你从父母那里遗传了一些不好的基因，你是无法对其进行纠正的，而且要改变自己的社会经济状况并不容易。"

克拉梅尔表示，对此还有一些补救办法，那就是从小多做运动。"这是我所知道的第一项利用核磁共振成像技术，查看健康儿童和不健康儿童之间的大脑差异的研究。"父母和学校看到这一结果，一定会把鼓励儿童多运动看得更重要。统计数字显示，大部分儿童不爱运动，三分之一的初中年龄段的人不是超重就是肥胖。

足球其实是在快速消耗体力过程中的脑力运动，日本NHK电视台拍摄的纪录片《世界最强的天才大脑哈维》中就提到，世界冠军西班牙队中场核心哈维的大脑运转速度超出常人，是个"非常聪明的家伙"。哈维也直言不讳："傻瓜是踢不好足球的。"

足球健康

足球运动对人体健康的好处

1. 有效预防心血管病

足球运动时，由于肌肉的紧张活动，心脏负荷增加，心肌的血液供应和代谢加强，心肌纤维增粗，心壁增厚，心脏体积增大，外形圆满，搏动有力。这一切也是治疗心血管病的良方。心血管病是当今世界上危及人类生命的头号杀手。据报道，在我国，死于心血管病的人亦居首位。大量研究表明，定期参加足球运动可以显著地降低心血管病形成和发生的可能。

2. 降低糖尿病发生的危险性

糖尿病的特征之一是人的血糖水平很高，如果不加控制，还会引起其他许多健康问题，如视力减弱和肾亏等。足球运动由于能控制血糖水平的升高，从而使个体产生糖尿病的可能性大大减小。

3. 提高消化系统的功能

足球运动会增强体内营养物质的消耗，使整个肌体的代谢增强，从而提高食欲。另外，还会促进胃肠蠕动和消化液分泌，改善肝脏和胰腺功能，从而使整个消化系统的功能得到提高，为人的健康和长寿提供良好的物质保证。

4. 控制体重与改变体形

过分肥胖会影响人的正常生理功能，尤其容易加重心脏负担，缩短寿命。如果一个人的皮下脂肪超过正常标准的15%—25%，那么，他的死亡危险率会增加到30%。由于足球运动是一个体能消耗较大的体育项目，能减少脂肪，增强肌肉力量，保持关节柔韧，故可控制体重，改善体形和外表。

怎样安排足球运动前后的饮食

足球运动程度比较激烈，在进行足球运动时要保证身体有足够的能量支撑，但是也不能有太多的食物而影响到身体的运动和健康。下面告诉大家一次正常的足球比赛应该安排怎样的饮食程序：

1. 运动前的营养补充

在运动中因为要消耗大量的能量，所以运动员在运动前要摄入一些蛋白质和碳水化合物，以保证运动时所需的能量水平。摄入能量的时间一般要保证在进行运动前的30—40分钟，摄入的热量大概100卡就可以了，也就是大概两碗米饭的食量。当然，现在超市的很多食品说明上都会对热量进行明确标注，你只需简单地计算一下量就可以了。

2. 运动后的营养补充

足球比赛后身体会流失大量的能量，这时候及时补充一定能量，对运动后的体能恢复和身体都很有帮助。在一场比赛后，一般也要补充大约100卡的热量，这100卡的热量可以使身体内的胰岛素和胰高血糖素保持平衡状态，从而保持生长素的最大释放。

3. 运动后的正餐

在足球比赛完后两小时就可以进食正餐了，正餐具体没有食物种类的要求，这时的身体对营养的吸收能力很强，如果想保持良好的体能，可以多食用一些牛肉和虾类等多蛋白质的食物和一些绿叶青菜。

如何避免足球运动损伤

足球、篮球是两项男性选择最多的有氧运动，夏天来了，大汗淋漓地踢完一场球会觉得身心舒畅，但很多人一展身手后不注意自我保护，也会引起一些不必要的麻烦，如肌肉拉伤、风寒交替感冒等。下面介绍一些踢球运动前后应该注意的事项：

1. 准备活动要充分，远离肌肉拉伤

准备活动可以使身体各个活动部位得到充分伸展，增强肌肉、韧带的弹性；提高大脑兴奋性，消除生理惰性，增强锻炼效果，预防和减少伤害事故。因此，无论是个人踢球还是集体练习，或者比赛前，都应当做好准备活动。可以分散进行徒手操练习，也可以集体做一些行进间操等，使身体微微出汗，再开始活动。准备活动时间大约15分钟。

2. 尽量选择好的场地，避免意外伤害

踢球时应尽量选择平坦、没有坑洼和石子的场地，防止扭伤或摔倒擦伤。在人多、混杂的场地上踢球，既要注意保护自己，又要注意保护对方，不要盲目地、心血来潮地大脚踢球。在奔跑和空中落地时，切忌踩在球上，这样容易扭伤下肢关节。在冲撞落地摔倒时，手臂着地要注意缓冲，可以做侧滚翻或前后滚翻，切不可硬撑。

3. 运动后整理活动很必要，有助于身心放松

训练或比赛之后，要适当进行一些身体放松活动，使紧张的身心得到放松，有助于消除疲劳，恢复体力。可以先做一些呼吸体操，然后对大腿、小腿、腰背等部位做适当的按摩。肌肉按摩可以自己做，也可相互做。

4. 比赛中、赛后饮食要合理，切忌补水不及时

踢球尤其比赛时，补水一定要及时，每次少量，要多次补充。可以少量多次喝点淡盐水或矿泉水，逐渐补充盐分和水，切莫一次性大量饮水。如果大量饮水，由于运动时肠胃部分的吸收能力减退，大量水分积聚在胃肠道内，使人感到胃部沉重闷胀。另外，剧烈运动结束后大量饮水，会增加心脏的负担；特别忌讳运动后大量饮用冰冻饮料，以免出现胃痉挛或腹痛；还要注意运动后的健康饮食，一般在运动后半小时进食为宜。

5. 踢球后，不宜马上洗澡

许多人喜欢在运动后马上去洗个热（冷）水澡，以为这样既可去污又可恢复疲劳。其实不然，运动后身体尚未恢复正常状态，不宜立即洗澡，尤其是洗热水澡。研究表明，人在运动时，流向肌肉的血液增多，心率加快。当运动停止后，

血液的流动和心率虽有所缓解，但仍会持续一段较长的时间，如果这时立即去洗澡，则又会增加血液向皮肤及肌肉内的流量，这样就使得所剩的血液不足以供应其他重要器官，如心脏及大脑。因此，运动后15分钟，感觉自己的体温已经恢复到正常水平（消汗以后）再洗澡是比较科学的，如果条件允许，最好洗温水澡。运动除了是一项爱好外，更可以强身健体，不要因为忽略小细节影响了运动的功效。

球迷如何健康看球

据医院内科专家介绍，每到重大体育赛事，都会有一些市民为了看电视直播打乱自己的生物钟，影响到身体健康。一则报道说，一名老年球迷在观看比赛时突发脑溢血，导致不幸发生。有医生指出，2002年世界杯在韩国和日本举行时，对中国球迷虽然不存在太大的时差问题，但由于部分老球迷的热情过度高涨，心情难以平服，生活节奏不能如日常一样有规律，还是引发了很多疾病。

1. 心脏不适停止看球

每次重大球赛，总有一些球迷"激情过度"进了医院，主要都是因为情绪过度波动而诱发了心脑血管方面的疾病。

为此，医生告诫球迷，各种心脑血管疾病、高血压病患者以及老年球迷看球赛时最好有家人陪伴。如果看球过程中发生胸闷、胸痛、心脏不适等症状时，必须停止观看，好好休息，情况严重时要立即到医院就诊。世界杯四年一度周而复始，而人的生命只有一次。广大铁杆球迷一定要好好珍惜健康，切勿因看球赛而丢了性命。

2. 保持平常心态看球

为避免因精神过度紧张而导致神经系统兴奋性异常，球迷看球时要懂得如何根据赛场的变化形势来合理地调节自己的情绪，以平和的心态去看待每一场比赛。具体来说应做到以下几点：

（1）适时地进行自我调节。情绪紧张往往会引起表情、躯体等的紧张，比赛越是激烈，越要注意放松。情绪过分紧张时，可有意识地放松面部肌肉，使紧张的眉头松弛，或用手搓揉面部；躯体也要放松，可一边看比赛，一边做些旋转、起身动作，使颈、肩、腰等部位的肌肉放松；可适当转移注意力，如一边看球一边喝点饮料或吃些小点心，也可与一同观看的人聊一聊。

（2）对比赛要有正确的认识，树立正确的胜负观。自己喜爱的球队胜了固然令人欣喜，但也不要喜不自禁、狂欢冲动，败了也不要捶胸顿足、丧气懊恼，避免情绪过分波动，引发身体不适。

（3）如果本身就有高血压、心脑血管异常等疾病者，最好不要看关键场次或过于激烈的赛事。如观看，遇到十分紧张的镜头，可暂时避开不看，等稳定好情绪、调整好心态后再接着观看。必要时还可备些药物放在身边，以备应急之用。

所以，球迷不要过分沉溺于赛事之中，最主要的还是要以平和的心态来对待赛事，身体和情绪都要放松，无论赛场风云如何变幻，都要以平常心来对待。

足球运动伤害的紧急处理与预防

1. 处置

一般运动伤害的处置原则，可用"RICE"四个字母来简单说明。其中，Rest是指休息，不可让受伤部位持续运动而恶化。Ice是指冰治疗，在急性受伤时，可用冰块、冰毛巾、冰枕，在患部敷15—20分钟，亦可将患部直接泡在冰水中。目前市面上售有一种喷剂，可喷出冰雾，直接喷在患处，可获得冰疗效果，减轻疼痛。冰敷可以减少肌肉抽筋，使疼痛减轻，并让血管收缩、抑制组织液渗出，减少出血和肿胀。Compression指压迫，可使用弹性绷带对患处施以压迫，有减少肿胀而缩短组织痊愈过程的作用。Elevation指抬高，通常压迫和抬高需合并使用，将患肢抬到比心脏高的位置，并用弹性绷带从远心端绑到近心端，可有效减轻肿胀。

如果是肌腱断裂、骨折或韧带发生重度受伤，就必须施以手术治疗。

2. 预防

九成以上的运动伤害是可以预防的，常见的预防方法如下：

（1）运动场所的设备不可太简陋，应有最基本的保护设施及护具。

（2）参加重要比赛前应有充足的睡眠，不可喝酒，以防因精神不济或注意力不集中，发生应可避免的伤害。

（3）足球运动员在正式比赛前，应接受有计划且周密完整的赛前训练，以增强组织的机械强度，特别是肌力，可减少受伤的机会。

（4）在从事任何运动前，应先做热身运动及伸展运动。

（5）不可在低体能或状态不佳时，勉强去从事运动。有时运动员会因受到来自各方面的压力，不得不勉强上场，甚至超时运动而受伤。有许多棒球国手、篮球国手常因此而发生疲劳性伤害。因此，提升教练以及运动员对运动伤害的认知，可以预防无谓的受伤 。

第三节　足球摇篮

大家知道C罗、梅西这些世界著名的足球运动员是如何成长为一代球星的吗？知道为什么西班牙、德国、英国这些国家会有那么多足球明星吗？让我们一起走进世界各国的足球青训营，看看著名的球星小时候是如何训练的吧。

荷兰明日之星加工厂：阿贾克斯青训营

荷兰的阿贾克斯青训营被称为"荷兰明日之星加工厂"，克鲁伊夫、范巴斯滕、里杰卡尔德、博格坎普……这些在世界足坛上空"飞翔的荷兰人"，都是在这里开启了他们的足球旅程。

阿贾克斯青训营的标志性建筑被称为未来球场，它位于荷兰首都阿姆斯

特丹的东南部，和阿贾克斯主场只相距600米。未来球场总面积达4000平方米，有大小不一的9个球场，配备了健身房、会议室、办公室等设施。这里也向公众免费开放，各国球员、俱乐部官员、球迷甚至游客都可来此参观。可以说，这里是一个仰望球星、脚踩草坪的场所。如果运气好的话，还有可能会在这里见到很多著名的球星。未来球场称得上外国人体验荷兰足球魅力的必到之地。

每年，阿贾克斯青训营的球探会在荷兰各个社区球场寻找年龄在8—12岁的足球苗子。在这里训练的孩子，按A到F分成12个队伍，其中有3个专业队伍，还有9个面向6—16岁青少年的业余队伍。当然，如果你没有被球探发现，但是认为自己踢得还不错，你也可通过阿贾克斯官网报名参加训练营。

阿贾克斯青训营的训练理念既有荷兰足球的优秀传统：注重足球观赏性、攻击性、创造性的特点，也有自己独特的训练模式，他们强调技术、洞察力、个性与速度四个方面。由于阿贾克斯青训营的训练方式与荷兰国家队一致，因此从这里走出的年轻球员不仅适应阿贾克斯队的战术，也可以很快融入荷兰国家队。

足球界的"西点军校"：拉玛西亚足球学校

漫步于西班牙巴塞罗那市的阿里斯蒂德斯大街，你会发现一座名叫拉玛西亚的农场式的大型院落，这就是巴塞罗那俱乐部的青年训练基地，也是世界上很好的足球青训营——拉玛西亚足球学校。"拉玛西亚"在加泰罗尼亚语里是"农场"的意思，这里的环境和气氛就像它的名字一样让你觉得十分亲切，无论你是游客、记者，还是带着孩子前来求学的家长，在这里都会受到亲人般的欢迎。

拉玛西亚足球学校创建于1979年，当时的球场非常简陋，都是人工草皮，尽管拉玛西亚条件简陋，但当时出任巴萨主教练的克鲁伊夫却带来了世界上最先进的足球理念。1989年，在克鲁伊夫的亲自主持下，巴塞罗那俱乐部建立了"拉玛西亚"青训学校。在克鲁伊夫看来，足球就是球场上无数个三角传递组成的。如果你能传好球、接好球，而不失误，那么你就符合克鲁伊夫的基本要求，同时也符合巴萨对球员最基本的技术要求。

然而，拉玛西亚又是如此与众不同，梅西、哈维、伊涅斯塔、普约尔、巴尔德斯、皮克、佩德罗这些球员已经是巴萨的主力球员，他们就是从拉玛西亚学校走出来的，并成为了世界足坛的风云人物。如果加上拜仁慕尼黑的雷纳、切尔西的法布雷加斯、阿森纳队长阿尔特塔等，他们几乎可以组成一支非常有竞争力的"拉玛西亚队"。

菲戈、C罗的成长地：里斯本青训营

1997年，一位年仅12岁的小球员离开了他的家乡，来到葡萄牙的首都——里斯本，开启了一段令人兴奋的足球之旅。几年后，全世界的球迷都认识了这个小男孩，他就是克里斯蒂亚诺·罗纳尔多，而这个给他提供实现梦想的机会，来匹配他无与伦比的才华和壮志雄心的舞台，就是葡萄牙竞技青训营。

葡萄牙竞技俱乐部是在1902年成立的，位于葡萄牙首都里斯本，也被称为"里斯本竞技"。葡萄牙竞技俱乐部近年联赛排名一直处于领先位置。在

葡超的夺冠次数仅仅排在本菲卡和波尔图之后，与前两者并称葡超三强。之所以能取得如此优异的成绩，与葡萄牙竞技优秀的青训系统有关。葡萄牙竞技的青训基地在世界范围内都是非常出色的，除了C罗，这里还曾培养了葡萄牙黄金一代的灵魂菲戈，以及曼联的新一代菲戈接班人纳尼。

处于里斯本市郊的这座青训营，环境清幽，充满了田园风光。在这里，总共有七块训练场地，四块是天然草皮，三块是人工草皮。在这种宁静的环境下，正在茁壮成长的足球天才们可以远离城市的纷纷扰扰，专心于足球的训练和学习。

这座青训营的最高准则就是对足球技术的强调。从U9阶段开始，直到U19阶段，青训营的学员们都要通过一系列精心设计的训练内容。其中，关于技术、判断和综合对抗的提高更是重中之重。相信在不远的未来，这里还会走出另一个菲戈或者C罗。

英国足球明星的摇篮：曼城青训营

曼城，近些年欧洲足坛快速崛起的新兴豪门，他们两次赢得英超冠军，组建了一支星光璀璨的球队，而他们的主场伊蒂哈德球场也成为了欧洲最难攻克的主场之一。如今，曼城有更宏伟的目标，他们正在建设世界上最好的青训系统。

2014年12月，曼城足球青训学院揭开神秘的面纱，这对于曼城的历史来说，具有里程碑的意义。这座青训营投资高达2亿英镑，配置十分豪华。在新闻发布室里配置了120个座位，青训场地上拥有7000个坐席，而且还拥有十分现代化的水疗设备，可见曼城对培养年轻球员的坚定决心。

如果走进曼城青训营，你会发现青训营的励志标语随处可见。在这种环境的熏陶下，年轻球员在比赛中也会更加充满信心。俯瞰健身房，你还能看到蓝色字体书写的"创造未来"标语。这就是曼城俱乐部的梦想，曼城希望他们的蓝色能更绚烂，更出彩，更有发展前景。

走廊里贴满了关于曼城过往以及现在所取得的成就的照片。走进配置齐全的健身馆，迎面看到的就是阿奎罗的巨幅照片。在2012年英超最后一轮，他绝杀了女王公园巡游者，帮助球队获得了英超冠军，画面中的他正肆意庆祝。这是曼城俱乐部历史上最伟大的时刻之一，而曼城成立的青训营的目标就是培养下一个冠军、下一个英雄、下一个曼城传奇，制造更多伟大的光辉时刻。

德国战车的起点：拜仁青训营

对于一个球队来说，能够获得26个国内顶级联赛的冠军奖杯、17个国内杯赛冠军奖杯、5个国内超级杯冠军，那么，它的成功就已注定被载入史册。尤其是这家俱乐部还能在欧冠5次问鼎，是的，这个球队就是拜仁慕尼黑足球俱乐部。

拜仁能取得如此辉煌的成就，离不开青训。过去的拜仁青年队曾为一线队输送了众多一流球员，如目前拜仁队内的拉姆、施魏因斯泰格、穆勒、巴德斯图贝尔、阿拉巴都出自拜仁青年队，现在也都是拜仁的关键球员。

  在青训学院中，不同球员会参加与他们年龄相称的比赛，进行比赛训练。在拜仁慕尼黑，球员必须要适应不同战术体系，能在任何战术体系中都要发挥出色。拜仁慕尼黑青训学院就是希望能够培养出完整的球员，在他们真正投入到战斗之前，能够了解每个位置的基本任务，能够适应多个位置。

  有时候，低龄球员会和高年龄段球员进行直接PK，通过这种方式，使球员面临更艰苦的环境和挑战。在青训学院，球员们都在彼此竞争，教练也会根据球员的表现，将球员进行分类培养。

  拜仁俱乐部的口号"Mia san Mia"，中文就是"我，就是我"。拜仁青训学院用这样的培养方式，让年轻球员成长为能力全面的球员，且各方面素质全面发展，这样即便是他们离开拜仁之后，也能用自己学到的东西在其他地方寻找和收获成功。

德国星工场：多特蒙德青训营

在多特蒙德，每年春秋两季举办的少年足球比赛，参加的孩子可以得到与多特蒙德队内球星一起踢球的机会，每场比赛都会有球探前来观战，因此，每年 "天才日" 活动期间，都有许多周边地区的孩子来这里一展身手。

多特蒙德俱乐部青年队的教练是前多特球星里肯，1997年欧冠决赛有着神奇的发挥，退役后他就留在俱乐部任教。他说："多特蒙德这么多年能够在和拜仁的对抗中不落下风，正是因为他们完备的青训体系。"

在多特蒙德青训营中，运用了很多高科技的训练器材，球笼就是其中一种。在一个四方形的球笼里面，四侧有一米见方的透明格子，格子上装有传感器。训练时，四个方向会由机器发射足球，发射是随机的，训练的球员根本不知道球从哪个方向射来，他接球后要把球停好，然后把球射进同样是随机亮灯的格子里。在这里，球笼的训练每周要进行一到两次，经过球笼的训练，球员的技术能力会得到飞速提升。

除先进的硬件设施外，多特蒙德还对小球员采取了人性化的管理措施。球员宿舍就在球笼的对面，推开窗就可以看到训练场。为了保证球员能够全身心地投入到训练中，俱乐部还把球员的家长接到训练基地附近，以保证他们随时见到家人。在这里，除了专业足球教练之外，每队还配备了一名心理教练，也许这就是德国球员为何拥有过硬心理素质的一个重要因素。

走进巨星生产线：河床青训营

在布宜诺斯艾利斯的拉普拉塔河岸边，住着一个阿根廷足球俱乐部巨人，那就是河床竞技俱乐部。从1901年建队至2015年，河床俱乐部总共获得了36次阿根廷顶级联赛冠军、8次阿根廷国内杯赛冠军，这让河床俱乐部当之无愧地成为阿根廷足球史上最成功的俱乐部。

河床青训营创建的主要目标，就是为一队提供源源不断的职业运动员。

作为河床俱乐部的球员，他们需要将技巧、战术和顽强拼搏的精神结合起来。这样一来，河床提供的训练课程也就时刻充满竞争力，球员一周时间里会有五六天要接受各种考验，有时是来自观众，有时是来自球探，有时是来自俱乐部球迷。

河床队的足球风格是紧密防守，球员需要学习如何通过配合把球抢下来取得进球，把对方的防守吸引到一边，然后再去攻击开阔的一边。这样严苛的训练保证了球员从一开始就能了解进攻方和防守方要做的事，让河床成长为攻守兼备的球队。

来到河床青训营的孩子，有很多机会接受来自周边球队和国际球队的同龄人的挑战，还有很多可以去阿根廷、巴西、欧洲踢青年锦标赛的机会，他们一方面可以在比赛中获得成长，另一方面也可以向世界展示自己的才华。

中国足球梦开始的地方：恒大足球学校

　　如果从空中俯瞰广州恒大足球学校，你仿佛是来到了电影《哈利·波特》中的霍格沃茨魔法学校。事实上，这片占地面积1000多亩、有着50块标准足球场的学校，的确承载了数千名孩子的足球梦想。

　　恒大足球学校与传统的足球学校不同，在这里，不只有大运动量、高强度的训练，还有和普通学校一样的文化课程，从每周的课程表可以看出，足球训练只占一小部分。在足球训练和文化学习之外，还有各种形式的兴趣班可以让学生自由选择。因此，即使不能成为专业的足球运动员，文化教育也可以让这些孩子和同龄人一样，未来能够选择足球之外的道路。

　　在这里，22名来自西班牙皇马青训营的教练承担着专业足球训练课程教学，优秀的学生可以被选拔出来，成为梯队中的一员，其中的佼佼者将有机会被送到西班牙、荷兰等欧洲国家去深造。

　　中国作为世界的大国正在崛起，但在足球领域，中国还是弱者，恒大足

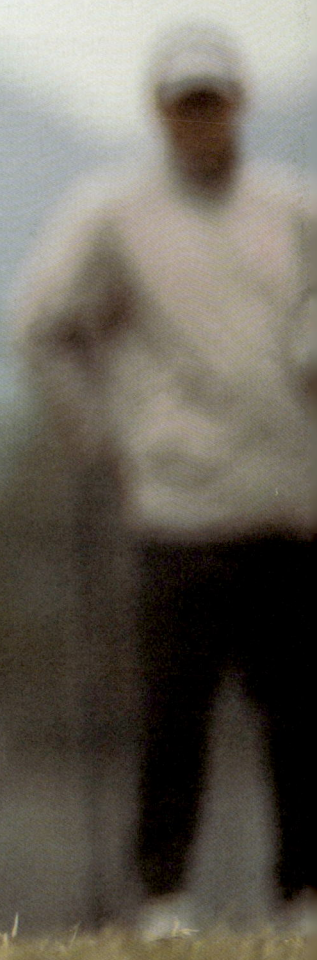

球学校的孩子们就是中国足球的未来。恒大足球学校开办四年来，在西班牙先进足球理念的熏陶下，经过系统的训练，恒大足校学生的足球水平快速提升。许多优秀的球员已经在国内国际赛场上崭露头角。对于孩子们来说，这一切都是榜样，他们的未来不是梦，来自中国的超级足球明星就将出自他们之中。

中国青训的摇篮：鲁能足球学校

山东鲁能泰山足球学校位于著名的风筝之都——潍坊市，学校占地650亩，拥有标准足球训练场地31块，教学、训练、医疗、生活设施齐全，各类文化课教学设施也达到了国家一类标准。

2013年12月，鲁能俱乐部与巴西圣保罗足球俱乐部开始了合作，并邀请原圣保罗U19队主教练巴雷西来校担任学校执行总教练。此外，圣保罗俱乐部还派出了一系列专业团队，参与到鲁能学校的训练管理中。

在一流的训练、教学中，先后有大量优秀球员进入了各级别的国家队，2014年赛季，还有部分队员分别效力于鲁能泰山、上海绿地申花、广州富力、江苏舜天、天津泰达等10家中超俱乐部。

建校16年来，学校共夺得中国足协组织的全国U13-19青少年足球比赛冠军47项，国际青少年足球邀请赛冠军5项。2005、2009年代表山东省夺得第十届、第十一届全运会男足比赛冠军，2011年代表青岛市夺得第七届城运会足球比赛冠军。

在重视足球训练的同时，学校十分关注学生的文化课学习，建校以来共有12届300名高中毕业生，有197人考入了全国知名大学。

学校积极开展与国外足球发达国家的交流合作，2006年以来，共圆满举办了八届"鲁能·潍坊杯"国际青年足球邀请赛，并涌现出一大批优秀球员。"鲁能·潍坊杯"已成为知名的国际青少年足球赛事。

第 三 篇

影响巨大
yingxiangjuda

现代足球运动被称为"世界第一体育运动"，以其独特的魅力风靡全球，在全世界拥有不计其数的狂热爱好者。现在，足球已不仅仅局限于一项普通的运动项目，而是成为了一种极具代表性的文化现象。这种现象体现在，随着越来越多的人对足球的关注，其无论是在政治、经济还是精神生活等人类社会要素中的影响力也在逐渐加深。

足球，一开始似乎只是适合远观的一线风景，现在则发展成全球各个民族、各种肤色的人都喜爱的一项运动。足球的影响力是世界范围的，巴西、阿根廷、意大利、德国、西班牙、葡萄牙、荷兰、尼日利亚、喀麦隆、韩国等都把足球当做自己国家的第一体育运动。

第一节　那些年中外领导人追过的足球

毛泽东：13年之后要赢你们

据有关史料记载，毛泽东当时在湖南第一师范学校就读的时候，很钟情体育运动，除了喜欢游泳，是游泳高手以外，他打篮球也是最优秀的，同时还是全长沙最优秀的足球守门员。

新中国成立后，日理万机的毛泽东依然很关注中国足球。1955年的一个秋日，在先农坛体育场要进行中华体总体训班（实际上的国家队）与苏联泽尼特足球队的比赛。比赛开始前，场内突然发出雷鸣般的掌声。原来，毛泽东来看比赛了。比赛结束后，毛泽东穿着灰色的风衣，稳步走向双方队员。在与客队泽尼特球员握手后，他向中国队走去，中国国家队教练李凤楼和队长史万春首先迎了上去，毛泽东紧紧地握住他们的手，并用浓重的湖南口音连说几句："打得好！打得好！"随即又和中国足球队的队员们一一握手。

同年，南斯拉夫足球队在获得了奥运会冠军后，来中国访问比赛。中国足球队其实刚从匈牙利"上学"归来不久，自然不是奥运会冠军南斯拉夫足球队的对手，结果输得很惨。但赛后，毛泽东却热情地接见了南斯拉夫队，并发出了一个关于中国足球的预言："我们今天输给你们，明天输给你们，但13年之后要赢你们！"

（《毛泽东的足球缘》，《世界报》2013年10月23日）

周恩来：足球为健身

周恩来很喜欢足球，1912年他随伯父去沈阳，在学校里就踢过球。作为南方人，他说要通过锻炼变得和北方人一样健壮，而踢足球是他锻炼的重要手段。周恩来在南开大学读书时，还带领足球队与北京清华大学球队比赛。

1957年6月2日，中国队首次冲击世界杯，在先农坛体育场主席台上坐着风度翩翩的周恩来。

1957年10月20日，八一足球队在北京迎战首次访华的日本国家足球队，周恩来总理和贺龙副总理观看比赛并接见日本队队员。当年10月至11月间，这支日本足球队先后在北京、沈阳、上海和广州，与中国的7支球队交手，中国球队四胜一平两负。当时，中日尚未建交，据说，日本男足在北京比赛时受到了热烈欢迎，体育场座无虚席。

周恩来生前多次观看足球比赛，1960年他率领400多人的代表团访问缅甸，还带去了足球队，他无疑是中国足球史上级别最高的团长了。

（《周恩来总理和贺龙副总理接见日本队队员》，

《中国青年报》2014年6月19日）

邓小平：足球要从娃娃从少年抓起

邓小平一生对足球运动情有独钟。早在赴法勤工俭学的青少年时代，他就情愿受饿也要省下钱来看足球比赛。1924年，法国巴黎举行第八届奥运会，为了观看足球比赛，邓小平不惜拿出生活费来购买球票。他后来回忆说："5个法郎是一天的饭钱，而且看球时坐的位置又最高，连球都看不清楚。"直到晚年，他还清楚地记得那次比赛的冠军是乌拉圭队。

1974年夏天，邓小平观看了反映第十届世界杯足球赛的纪录片《世界在你脚下》。原国家体委负责足球工作的陈家亮回忆当时的情形说："在放片的三个多小时中，他一直没有休息！他也很少问我问题，话不多，有的时候看到尽兴处就很简短地来个评论。《世界在你脚下》这片子好像七八十分钟就放完了，但是小平显然意犹未尽，马上问'还有什么？再放！再放！'于是我们一点都没休息，马上把带来的世界杯决赛等纪录片放给他看。"

晚年的邓小平退休在家，这样就有更多的闲暇时间观看足球比赛了。他的警卫张宝忠回忆说："他喜欢足球是出了名的，而且不只足球，还有其他体育项目他都喜欢。第十三届世界杯足球赛的时候，第52场还是53场比赛我记不清了，他一场没落，全都看了。白天能看的比赛他就看，晚上看不了的比赛，他让我给他录下来。而且录下来以后，还不让我告诉他结果。"邓小平对足球比赛的结果一直保持超然、冷静的态度。他说："这个看球呀，不一定进球多就是有水平，不进球也好看。我们虽然输了，但是咱们队员都努力了，都踢得不错，但水平跟人家不是在一个阶梯上，踢得还是不错嘛！"

邓小平十分关注和关心我国足球运动的发展。1952年，他曾表示"希望国家足球队严格训练，打好基础，尽快培养出一批优秀教练和球员"。1977年7月30日晚，在观看香港足球队和中国青年足球队的比赛时，邓小平在半场休息时向国家体委负责人指出："你们可以派几名裁判去德国学习，要培养国际裁判，提高裁判水平。"在赛后接见运动员时，他说，今后要走出国门，通过打比赛，学习先进，积累经验，尽快提高我国的足球水平。1985年8月，他指出："我看了几场国际足联16岁以下柯达杯世界锦标赛的实况转播，看到各个队无论在技术方面、体育道德方面都表现很好。他们踢得很有朝气，是世界足球运动的希望。中国队也踢得不错。我们中国足球运动要搞上去，要从娃娃、从少年抓起。"

（《邓小平的足球情怀》，人民网·中国共产党新闻网2008年12月5日）

江泽民：要赛出一种样子来

1992年1月30日，中国国奥足球队对阵韩国国奥足球队。比赛开始后仅仅9分钟，中国队就连输3球，最终以1∶3的成绩不敌对手，进而失去进军巴塞罗那奥运会的资格。原国家体委主任伍绍祖回忆说："中国国奥足球队在吉隆坡与韩国比赛失利，10分钟后，江泽民主席打来电话，说他看了比赛转播，很赞成韩国队教练讲的，一是心理因素很重要，再一个恐怕是一个足球队成熟起来要10年时间。他要我们'胜不骄，败不馁'，要总结经验。"此后不久，伍绍祖根据主席的指示，召集中国足协在北京西郊红山口召开工作会议，决定把足球作为体育改革的突破口，确立了中国足球要走职业化道路的改革方向。这次会议，被认为是中国足球界的"遵义会议"。

（《几代领导人对中国足球的重托》，21CN2010年11月23日）

胡锦涛：中国足球还要继续发扬"志行风格"

2009年10月16日至19日，中共中央总书记、国家主席、中央军委主席胡锦涛到山东出席第十一届全国运动会开幕式，先后在济南、滨州、淄博、东营等地考察。10月16日下午在济南亲切接见了新中国体育发展60年来涌现出的优秀运动员和教练员代表、全国群众体育先进单位和先进个人代表、全国体育系统先进集体和先进工作者代表。原中国足球队中场核心容志行也在其中。胡总书记接见容志行时握着他的手说："中国足球还要继续发扬'志行风格'。"胡总书记等中央领导对足球事业的高度重视，为中国足球事业的发展注入了新的力量。

（《胡锦涛：中国足球还要继续发扬"志行风格"》，

人民网2009年10月20日）

习近平：中国足球要下决心搞上去

足球圈流传着这样的故事：2002年世界杯期间，几位在央视侃球的主持人在某饭店早餐时"偶遇"习近平，从中国队到国际足球，习近平和主持人相谈甚欢。习近平对足球的热爱可见一斑。

2008年7月，已任国家副主席的习近平在秦皇岛考察奥运场馆。虽然穿着皮鞋和正装，但他仍然展示了自己的脚法，几脚射门一板一眼。在这次考察中，习近平还看望了正在训练的中国女足，他勉励球员们弘扬"铿锵玫瑰"高度团结、刻苦训练的优良传统，在赛场上取得好成绩，为祖国争光，为民族争光，为人生添彩。

北京奥运会期间，习近平两次出现在排球比赛的观众席上。比赛开始前，习近平和同在现场的国际排联主席魏纪中聊起足球，言谈之间对中国队奥运会上的表现颇为不满。曾经担任足协副主席主管市场开发的魏纪中，给习近平讲了当年的红山口会议和近年来职业联赛的发展情况。

2009年10月，在德国参观拜耳公司的习近平获赠了勒沃库森的10号球衣和一个2006年世界杯专用足球。他提到了中国足球："中国有一流的球迷和全世界可观的足球市场。举办完奥运会之后，中国下了一个决心，既然我们其他的运动可以拿到金牌，那么足球啊，一定要下决心搞上去，但是这个时间会很长。"

（《习近平曾常赴工体看球　目睹国足5球惨败愤怒离场》，

网易体育2014年3月26日）

奥巴马：小时候曾为足球干架

在号称"足球荒漠"的美国，奥巴马却是英超球迷。2003年，奥巴马到伦敦拜访亲戚，顺便和姐姐奥玛到厄普敦公园看了一场西汉姆联队的比赛，并参观了他们的训练营。在后来的总统竞选中，奥巴马竞选办公室曾专门发表声明："奥巴马是一个非常疯狂的体育迷，热爱足球。"

其实，早在童年时期，奥巴马就是看英式足球长大的，他对足球的热爱也从他的童年时期开始。童年时的奥巴马与母亲、继父生活在印尼的雅加达，那时候的奥巴马皮肤黝黑、胖胖的身体、卷曲的头发非常可爱。捉迷藏、棒球、摔跤、射击、踢足球样样都玩，但他最喜欢的是跑步和踢足球。他的继父很疼爱他，但从不溺爱他。有一回，不到10岁的奥巴马和一个小男孩一起玩，谁知那个男孩偷了奥巴马最心爱的足球，这下惹恼了小奥巴马，结果和那个男孩干了一架，头上被对方用石子砸了一个小包。奥巴马哭着跑回家找继父，想让继父为他出头。然而继父并没有带生气的奥巴马去告状，而是教奥巴马打拳，教导奥巴马如何在困难而危险的世界生存。

安格拉·默克尔：爱足球的"铁娘子"

德国总理默克尔非常喜爱足球，她在大学时代就关注足球，算起来已经将近40年。有意思的是，这个铁娘子爱足球胜过爱丈夫，在2002年世界杯期间，为了和朋友看球，默克尔甚至把不喜欢足球的老公留在了乡下。

自2005年11月上任以来，默克尔一直以超级球迷形象示人。2005年底德国世界杯决赛阶段抽签，默克尔就曾亲临现场，此后每逢德国队出征大赛，她总会去看望球队并现场观战。在2006年德国世界杯中，她更成为了德国队的第一女球迷。德国队的比赛，默克尔场场不落空，并且一改往日政治场合不苟言笑的形象，在绿茵场边展现出了一位真心球迷的喜怒哀乐，赢得了德国民众的喜爱。在德国队击败阿根廷队的比赛中，默克尔身穿一身红色套装，与德国总统克勒及诸多政府要员亲自到场观战。面对德国队点球艰难击败对手的结果，默克尔甚至兴奋地从椅子上跳了起来，双手高举，紧紧握拳。

"我很难继续坐在椅子上了，这样的比赛真让我太投入了。加时赛就已经很艰苦了，但是在点球大战中，我对我们的球队有信心。这是一场激动人心、独一无二的比赛。阿根廷队也是一支很棒的球队。今夜我们将要欢庆，但之后我们必须小心谨慎。现在开始的每场比赛，都会是场硬仗。"默克尔这番面面俱到的评论，无疑已经体现出了一个球迷的水准。默克尔与诸位政府要员亲临赛场给"子弟兵"加油，为德国世界杯注入了更多的色彩。同样，世界杯也为默克尔这位素有"圣女贞德"之称的女总理提供了展示自己热情一面的舞台。当默克尔的身影出现在世界杯的看台上时，德国组委会"欢聚德国，结缘天下"的口号，也更具亲和力了。

威廉王子：铁杆"维拉球迷"

英国威廉王子非常热爱足球。在伊顿公学期间，他成为了他所在的House（伊顿共由25个House组成）足球队队长。现在，他又是一个阿斯顿维拉死忠。

有关他为何会成为维拉队球迷，坊间有各种说法。其实王室成员喜欢足球不是秘密，伊丽莎白女王是50年的阿森纳老球迷，威廉王子的弟弟也是阿森纳球迷，威廉和哈里的老爸查尔斯王子则承认过自己是伯恩利死忠，而安德鲁王子则据说是诺维奇的球迷。

比较可信的说法，威廉是在1994年（当时他12岁）陪父亲出席联赛杯决赛时，喜欢上维拉的。当时决赛的两个对手是维拉和曼联，结果维拉3：1战胜当时的英超冠军曼联捧杯，从此迷倒了小王子。威廉的妻子凯特曾对媒体说她是雷丁球迷，但威廉王子已经明确表示，他俩的孩子乔治王子"肯定会是维拉球迷"。

卡南·巴纳纳：把我葬在足球场

津巴布韦是南部非洲的一个小小的内陆国家，1980年才独立建国。这个小国的第一任总统是卡南·巴纳纳，他酷爱足球运动。作为第一任总统，每天工作繁忙，但他却时刻关注着足球，把大部分空余时间都花在了足球场上。他一有时间不是在绿茵场上试脚，就是观看足球运动员们的训练和比赛，他的出现给运动员们极大的鼓舞，因此津巴布韦的足球发展很快。同时，卡南·巴纳纳总统又把政府官员们集中起来，向他们宣传足球运动的好处，并将其中的足球爱好者组成了一支足球队，经常与一些实力差不多的球队打比赛。每次比赛胜了球，巴纳纳总是自己掏腰包请客。在他47岁那年，他竟让人找来一张纸，在上面工工整整地写下自己的遗嘱："如果哪一天我死去，只有一个要求应该满足我——把我埋葬在足球场下面，使我们国家的足球运动员感到，在比赛中我同他们在一起，在为他们加油鼓劲。"

卡斯特罗：与马拉多纳的足球佳话

马拉多纳是世界著名球星，他曾带领阿根廷球队获得了1986年世界杯冠军和1990年世界杯亚军。在2000年，他和球王贝利一道被国际足联评为足球史上最伟大的球员。而菲德尔·卡斯特罗则是深受古巴人民拥戴，又受到世界关注的政治领袖。这两位身份截然不同的世界名人却有着深厚的友谊，他们的深厚交情一直是国际足坛的一段佳话。卡斯特罗与马拉多纳第一次见面就一见如故，很快就产生了亲切感，这让马拉多纳自己都感到有些意外。卡斯特罗曾经和马拉多纳彻夜长谈，从午夜一直聊到早晨6点，依然兴致勃勃。

有一次他们谈到足球，卡斯特罗向马拉多纳请教应该如何罚点球，马拉多纳幽默地回答："我的总司令，罚点球应该首先看看你面对的是哪个守门员。"兴趣广泛的卡斯特罗和马拉多纳的家人也相处融洽。马拉多纳说，卡斯特罗曾和他的母亲以及前岳母滔滔不绝地大聊烹饪之道，而且还谈得十分投机。在马拉多纳深陷吸毒深渊不能自拔的时候，卡斯特罗把他接到古巴，并成立专门的医疗小组为其治疗。卡斯特罗认为，马拉多纳倔强不羁，反抗强权。世界杯中强调的公正、公平原则代表了卡斯特罗期待的世界秩序。美国在足球领域并非强国，而拉美的巴西、阿根廷都是世界一流强国，甚至当时连小小的厄瓜多尔都可能胜过美国。世界杯使古巴人认识到，强大的美国也是可以被打败的。

第二节　足球与战争

为什么说足球是没有硝烟的战争？

　　足球是没有硝烟的战争。世界杯足球赛煽动起来的攻击性热情，几乎是四年一次的"世界大战"。22条壮汉如何来回冲杀，90分钟里拼体力比意志，还有集体配合、战略战术，几乎就是一场小型战争的模拟：防御、偷袭、死守、狂攻。战术上更是不胜枚举，兵力的配置、运动和增援、战线的衔接、穿插、包抄、迂回、攻防、情报……足球向我们诠释了战争的真谛。

　　足球与战争有无数个相似的地方，或许没有一项体育竞技比足球更能让人温习古典战争的记忆。早期的足球无疑与战争有关，据说古罗马远征时，就曾用踢战俘人头的方式庆贺胜利。足球比赛在绿茵场上进行，那仿佛是以草原为背景的古代游牧部落的战场。古时的战争，往往有公平竞技的风范，交战双方先约好地点，多是选择一片开阔地，然后摆开车阵，击鼓对冲，哪一方顶不住退下来，或旗帜被夺，就算失败。纵观古代战争历史，我们不难发现足球与战争的又一类似地方——兵法与战术。

　　当我强敌弱、差距悬殊时，就要撕破敌人的防线，所谓多点进攻，全面突进，要"把战火烧到敌人的半场"。战争也是如此，切不可轻敌大意，以至于后方出了纰漏，被敌人偷袭得手。1944年末盟军在西线大举进攻，太得意忘形，冷不丁被希特勒搞了个"阿登反击"，前线措手不及，终致一败涂地。

　　当双方势均力敌时，机会属于犯错误较少的一方。何时该两翼牵扯，何时该单兵突进，何时该以攻代守，何时该中场控局，存乎一心，应变无穷。19世纪的普法战争，拿破仑三世进退失据，先是无脑进攻，随后又龟缩防守，终被俾斯麦、毛奇率领的普军完全击败，导致了帝国的垮台。若是足球场上，却不会有这样的机会。

当敌强我弱时，既要认清形势，以守为上，又不可一味龟缩，任敌肆虐。只有在退却、防御的过程中，寻机反击，才可能遏制敌军的不断压迫。抱定"少输当赢"的窝囊心态，真要守平也很难。反观中国抗日战争中，国民党军面对敌强我弱的态势，在抗战后期多数时候消极防御，企图坐等盟军取胜，结果完全丧失主动，使日寇可以肆意进攻，甚至到1944年全世界盟军大反攻时，还上演豫湘桂大溃败的惨剧，损兵丧土。

球王贝利给内战中的尼日利亚带来了什么？

足球和战争都是男子汉的运动，不同的是一个带来体育精神，另一个带来死亡杀戮。参加2010年世界杯的一名洪都拉斯的球员，他的哥哥在战乱中死去。他说，要用足球来传递和平，希望能少一些战争，少一些死亡，多一些和平，多一些和谐。这成为包括SOHO中国董事长潘石屹在内的许多球迷喜欢洪都拉斯队的理由。人们对足球的热爱，有时候竟能战胜战争狂魔，让人们暂时冷静下来，寻求和平。

1970年，球王贝利随桑托斯队访问尼日利亚首都拉各斯，并在当地踢了一场表演赛。此时尼日利亚正在内战中，战争双方为了欣赏贝利的球技，达成协议，临时停火48小时。历时3年的内战夺走了尼日利亚200万人的生命，但球王贝利的到来，能让大家暂时放下纷争，共同沉浸在绿茵世界，这就是足球的魅力。

足球能阻止战争吗？

有人说，足球是地球上没有硝烟的战争。当塞黑、伊朗、安哥拉先后倒下后，我们不由自主地产生了一种关于足球和战争的恐惧感。

塞黑在橙衣军团的疯狂进攻下，在莱比锡这个当年拿破仑走上失败之路的地方彻底倒下了。

伊朗在墨西哥人的半场攻坚后被两个进球击倒。然而，上半场的势均力敌还是让人看到了波斯王国和亚洲足球的希望，虽然他们倒在墨西哥人脚下。

安哥拉站在世界杯的舞台上与原先的宗主国葡萄牙一较高下，这本身就已经是一种巨大的成功和荣耀。独立后的国家在经历了20多年的内战后，终于可以迎来和平并且迅速享受到入围世界杯决赛圈这一和平的成果。然而，当我们看到他们在整场比赛中的碌碌无为和唯一的远射骚扰进攻手段后，我们同样感到遗憾和悲哀。内战消耗了这个国家太多的东西，包括足球。

塞黑、伊朗、安哥拉，关于足球和战争的故事还在延续，我们心中的恐惧感也在不断增加。如果说现今战争可以毁灭足球，那么我们希望有一天足球能够阻止战争。

绿茵场上如何排兵布阵?

英国《泰晤士报》发表文章认为，多年来，美国五角大楼的军事战略家们一直是借助橄榄球这项美国人最喜欢的体育运动来制订战略。换句话说，美国的战略风格一直体现着浓郁的美式橄榄球风格。从越南到伊拉克，美军已把橄榄球战术作为战争模式的典型范例，其主要表现是：

（1）大规模运用部队，逐步增加己方领地，并在敌军战线后方发动闪电战。

（2）通过频繁地调动以便在最弱的环节加强兵力，切断敌方的联络线路。

（3）战争的成功往往有赖于严明的纪律和统一的行动，团队精神压倒一切。

（4）美国人的战争就如美式橄榄球，充满"非攻即守，非守即攻"的二值逻辑。

（5）严格遵守事先拟定好的战略，其基础是预测好敌方最有可能采取的行动。

过去，在美国与常规敌军作战时，这种以橄榄球为基础的战略都成功地发挥过作用，无论是塞尔维亚军队、塔利班，还是伊拉克的共和国卫队，都无一例外地败给了美军。而恐怖分子和游击队员也已经利用了英式足球的长处，那就是：

（1）突然袭击，时隐时现。

（2）先无预案，即席发挥。

（3）个人技术，创新行为。

（4）快攻型作战。

（5）分散型指挥。

因此，结论出来了：要打赢现代战争，就必须像一位优秀的足球经理人一样，依赖小规模、灵活机动、不断变化的团队，而这支团队必须具有极大的灵活性，能够迅速做出反应，无论是在发动攻势还是在退守的时候。足球如战争，足球有句惯用语："这就是足球！"军事也有句惯用语："这就是战争！"足球讲魅力时说："足球是圆的！"军事讲魅力时则说："战争是活的！"

绿茵暴力怎样引发了两国之战？

足球能够带来和平，也能造成流血，比如绿茵场上的暴力、足球流氓的打砸抢烧，甚至足球带来的冲突，还能引发真正的战争。1969年，在中美洲弹丸小国萨尔瓦多和洪都拉斯之间，就以足球为导火索，引发了一场为期不到一周的战争，史称"足球战争"。

那是1969年6月的第9届世界杯外围赛，洪都拉斯和萨尔瓦多以三战两胜争夺出线权。6月8日洪都拉斯队在主场1∶0先胜一场，萨尔瓦多球迷大怒之下竟然客场撒野，冲进场把主队球员痛打一顿，随后双方爆发冲突，100多人严重受伤。而萨尔瓦多的一位18岁的女球迷伤心自杀。由于此前两国因为移民、土地等问题早已剑拔弩张，此事成为导火索，两国政府、媒体和民众都陷入狂热之中。15日第二轮比赛在萨尔瓦多举行，萨尔瓦多球迷围攻客队，甚至把洪都拉斯的国旗换成破布。6月27日决胜局在第三方墨西哥举行，加时赛中萨尔瓦多3：2淘汰洪都拉斯取得世界杯入场券。在此期间，洪都拉斯境内的萨尔瓦多侨民遭到了残酷的毒打、虐杀、驱逐，两国断绝外交关系。7月14日，萨尔瓦多入侵洪都拉斯。双方鏖战数日，后在美洲国家压力下停火。短短几天的对战，双方死亡3000多人，经济损失5000万美元，10万萨尔瓦多人逃离洪都拉斯，并使得美洲共同市场瘫痪，双方贸易完全终止，边境关闭，航空飞行也中断达10年之久，双方都"输"掉战争：两方皆未赢得决定性的胜利，两败俱伤。

"足球外交"能解冻美古关系吗？

古巴首都哈瓦那在2015年6月2日迎来一场特殊的足球比赛，对阵双方是美国纽约宇宙队和古巴国家队。比赛在可以容纳2.8万人的佩德罗·马雷罗体育场举行。一场大雨不期而至，但毫不影响球场内外节日般的气氛。宇宙队与古巴队入场，古巴国歌和美国国歌依次奏响。看台上对美国国歌报以热烈掌声，几名古巴球迷还挥舞着星条旗。比分悬殊，大雨倾盆，都没有减弱古巴球迷的热情。这场政治色彩大于竞技意义的友谊赛成为美古关系"解冻"的一个侧影，有望开启两国在体育领域的交流。"门已经打开了。"宇宙队主教练乔瓦尼·萨瓦雷塞说。纽约宇宙队是美古关系2014年12月开启正常化进程以来首支到访古巴的美国职业体育队，也是17年来首次踏上这个加勒比岛国的美国职业体育队。

这场里程碑式的足球赛为美古体育关系开创了新时代。"足球让人们走到一起来，我们今天在哈瓦那就看到了这一幕。"前皇马球星劳尔说。美国总统贝拉克·奥巴马与古巴领导人劳尔·卡斯特罗2014年12月宣布开启双边关系正常化进程，以结束两国超过半个世纪的敌对状态，重建外交关系。这次的比赛就是美古关系解冻的进展标志。

第三节　足球外交那些事

中国是哪一年加入国际足联的？

中国国家队始创于1924年，在1931年加入国际足球联合会。

第6届瑞典世界杯（1957年5—6月），中国第一次派队参加世界杯预选赛，教练员是戴麟经。由于国际足联接纳了1954年成立、现在名为中国台北足协的地区性足协为会员，并允许该足协以国家足协的名称、旗帜参加国际比赛，中国足协对此提出抗议和交涉。在抗议和交涉未果的情况下，中国足协于1958年6月7日宣布退出国际足联，《国际足联章程》中有关于足协会员不得与非会员足协代表队比赛的严格限制，因此中国无法报名参加1962年第7届智利世界杯、1966年第8届英国世界杯、1970年第9届墨西哥世界杯、1974年第10届联邦德国世界杯。

1974年世界杯大赛期间，国际足联进行了主席的换届选举。在竞选纲领中要把恢复中国足协在国际足联原有席位当作承诺的巴西人阿维兰热以68票对51票战胜了上一任国际足联主席英国人劳斯勋爵。该届世界杯赛后，时任国际足联执行委员会委员的香港爱国人士霍英东先生，团结了亚洲足联三分之二的足协会员，于1974年9月14日恢复了中国足协在亚洲足联的应有席位，剥夺了中国台北足协在亚洲足联的席位并转到大洋洲足联。

1979年10月13日，国际足联执行委员会专门召开会议，以16票赞成、2票弃权、3票反对的表决结果，恢复了中国足协在国际足联的原有席位。1980年12月—1982年1月第二次参加世界杯预选，即1982年西班牙世界杯亚洲区预选赛，中国队主教练苏永舜奉行"两翼齐飞，中路包抄"的进攻套路，这套战术在当时的亚洲足坛独树一帜。

中国第一次晋级世界杯是什么时候？

2001年6月1日，亚洲足联在国际足联的协助下，在泰国曼谷对世界杯预选赛亚洲赛区第一阶段小组赛出线的10支球队进行第二阶段分组抽签仪式。抽签前一天，国际足联主席布拉特发表声明："亚足联所决定的按照过去3届世界杯和过去2届亚洲杯成绩来确定的分档原则是不行的，必须按照时任韩日世界杯国际足联组委会主席约翰逊，即欧洲足联主席所提出的按照过去2届世界杯和过去2届亚洲杯成绩的原则来确认。"

当时负责亚足联竞赛委员会工作的张吉龙紧紧抓住了"国际足联无权干涉亚足联内部事务"这一点，在亚足联和国际足联内部展开了积极的游说，并最终在抽签之日的凌晨，迫使国际足联收回"成命"。这样就给中国队制造了良机，在分组抽签中沙特和阿联酋第一档次，中国和伊朗第二档次，中国队成功避开了伊朗队，为出线奠定了基础。

随后的正式抽签中国队更是鸿运当头，避开了沙特，与阿联酋、乌兹别克斯坦、卡塔尔和阿曼分在一组。结果中国队顺利从小组出线，成功晋级韩日世界杯，历史上第一次打入世界杯决赛圈。事后，人们认为中国队是冲出亚洲，而决定命运的正是我们的龙哥。

这一次中国足球外交成功，抽得一个上上签，凭借此绝世好签以及米卢的调教，中国足球终于圆梦韩日世界杯。当时范志毅等人身披国旗热泪盈眶的场面成为中国足球的难得记忆。中国足球史上从来没有过的辉煌战绩突然到来，让沈阳成了中国足球福地，也一下子平息了很多争议。

足球缘何成为最受欢迎的外交商品？

2013年12月，英国首相卡梅伦率贸易代表团访问中国，尝试利用足球外交来缓和气氛。卡梅伦此行旨在提振两国的商业关系，而英国方就利用了其最大且最受欢迎的"出口商品"——足球——来启动此次访华之旅。

英国大使馆当即发表声明称，英超联赛、英国文化委员会以及中国教育部将签署一项协议，启动一个在2014至2016年期间的中国教练培训项目。此外，英超联赛和英国文化委员会将与中国足球协会在此期间共同培训超过200名裁判。作为交换，中超联赛将帮助英超联赛在中国进行推广和营销，这个任务可以说比英方要轻松得多。卡梅伦在声明中说，这是显示我们将如何增强两国人民的联系，以及为英国公司创造商业机会的一个切实可行的例子，以这个协议启动此次对华访问非常好。据英国大使馆称，对英国来说，东亚足球市场目前价值在每年2亿英镑左右。然而，从新一代富裕的中国足球俱乐部所有者来看，中国有些东西可能要向英国学习，那就是如何利用富商和外国人才打造一个强大的联赛。

"下一个章鱼在哪儿？"

中国是巴西第一大贸易伙伴，中巴系金砖国家，彼此贸易额最高。习近平答巴西记者问时，有过"下一个章鱼在哪儿"的小幽默。

2009年10月，在德国访问的习近平接受了拜耳公司赠送的一件球衣和一个2006年世界杯专用足球。英国首相卡梅伦访华期间，也赠送给习近平一件英格兰男子足球队球衣。

习近平以智慧谦和的足球迷形象示人，在德国他穿上勒沃库森10号球衣，在英国他接受了卡梅伦英格兰队战袍，在荷兰他与范德萨亲密交谈，在美国他承认是小贝的粉丝，在法国他提起了国足新帅佩兰，在墨西哥他感谢了米卢。最拉风的还是在爱尔兰，穿着长风衣和皮鞋，踢球秀脚法很有范儿！

足球外交是"习外交"不可分割的一部分，2014年习主席致新年贺词的办公室书架上就摆放着踢球照片，此时足球已不仅仅是个人兴趣爱好，更传达了大国的胸襟和姿态。有人说，足球外交与乒乓外交有区别，乒乓外交相比来说更多的是要世界了解中国，化解隔膜误会；而足球外交是积极地走向

世界，作为大国有热忱、有责任、有实力与各国平等交流。

2012年2月9日，习近平在洛杉矶斯台普斯中心观看了NBA比赛，篮球明星约翰逊、足球明星贝克汉姆等向习近平赠送了纪念球鞋和球衣。

在纷繁复杂的外交活动中，习近平将自己的足球情结发挥得淋漓尽致。如果将国际外交舞台比喻成一个球场，那么习近平便在这球场之上，沉稳从容，运"球"帷幄。

足球是如何成为西班牙进入中国"大使"的纽带？

20世纪70年代，中美之间的"乒乓外交"成就了"转动小球带动大球"的佳话。在21世纪的第二个十年伊始，深陷债务危机的西班牙也效仿前人范例祭出了他们的法宝——新科世界冠军西班牙足球队。这一次，他们要来一场"足球外交"。

中西两国间的足球纽带是从世纪之交开始缔结的，当时的中国开始逐渐显现其经济实力，同时也因北京申奥成功而开始对体育事业投入更多精力。

首支在中国踢比赛的西班牙球队是巴伦西亚队。2002年夏天该队来中国与四川大河队踢了一场友谊赛。而此次签约的主角马竞队曾在1996年有机会前往中国踢比赛，最终因种种原因被取消了。

皇马分别于2003、2005和2011年访华参加友谊赛，而巴萨更是不甘落后，以总共4次中国行的纪录成为访问中国次数最多的西班牙俱乐部。

此外，比利亚雷亚尔、西班牙人、萨拉戈萨和塞维利亚等西班牙俱乐部也都曾在中国踢过友谊赛。

尽管西班牙超级杯落户北京以及西班牙国家队在中国踢友谊赛的计划最终均未能实现，但中国国家队曾于2005年和2012年赴西班牙踢了两场友谊赛。

随着近年来很多西甲俱乐部深陷资金危机，西班牙球队访华的次数有所减少，但西班牙国家队在世界杯和欧洲杯上的抢眼表现使中国球迷对西班牙足球的热情丝毫未减，两国在足球领域的合作通过其他方式一直在进行着。

2011年至2013年，西班牙人卡马乔出任中国国家队主教练。此外，曾在马德里竞技和马洛卡等队担任过主教练的西班牙人曼萨诺于2014年出任北京国安队主教练，并获得当年联赛最佳教练的殊荣。

除了主教练以外，近年来西班牙球员签约中国球队的情况日益增多，很多西班牙俱乐部面临危机也是西班牙球员来华的主要原因之一。

西甲联赛已经将其很多比赛调整至颇受争议的中午时段进行，以满足数以百万计的中国球迷的观赛需求，这催生了另一个新现象：中国品牌频繁出现在西班牙足球俱乐部的球衣上。

华为公司曾在2012年高调赞助马竞，西亚队的赞助商是晶科能源，另外两支西甲强队皇家社会和巴列卡诺本赛季的球衣上甚至印上了中国企业"钱宝网"的中文广告。

在青少年球员培养领域，皇马无疑是与中国合作最强势的一支西班牙球队。由恒大集团在广东省投资创办的恒大皇马足球学校的足球专业培训由皇马派遣教练全权负责。

第四篇

趣味无穷
quweiwuqiong

你喜欢足球吗？我喜欢！—Oh, no！也许你会说，不是喜欢，是热爱！是的，我们都非常热爱足球，足球带给我们无穷的快乐！然而，关于足球你知道多少？你认识哪些足球明星？你知道哪些足球球队？你听过哪些具有历史积淀的足球赛场和国内外足球明星的成长故事？……

足球明星很多，关于足球的人和事也很多，本章有我们认识和不认识的球星趣事：从售货员到最佳射手的巴卡、从侏儒到球王的梅西、少年C罗的故事，以及他们小时候和成长中的一些难忘的事迹。此外还有世界知名球队的故事：为什么许家印愿投巨资给广州足球？马云为什么要加盟广州恒大？……来吧，请跟随我们的步伐，一起认识和了解关于足球的人与事，让我们一起进入足球的世界！

第一节　实现梦想的青少年
成长故事

小个子也能驰骋绿茵场

　　这是著名足球运动员赵达裕小时候经受挫折的故事。1974年，赵达裕几次报考省级专业足球队都因为个子矮而落选，三番五次的失败让他感到前路迷茫，十分灰心。而此时，赵达裕的父亲心里更不是滋味，哪个做父母的不希望自己的孩子出人头地？但是，他深深地懂得，一个人失去机会固然可怕，更可怕的是丧失信念，儿子此时此刻需要的是鼓励和支持。因此他努力

克制自己的情绪，为了不让儿子因此失去信心、放弃努力，他给儿子讲"卧薪尝胆"的故事，鼓励儿子一定要咬紧牙关，不能轻易服输，要做个有骨气的人。他也给儿子介绍足球运动员胡登辉的事迹，他虽个子小，但因为球踢得特别好，照样进了国家队。他还带儿子去见一位广东球星，请他介绍小个子打大个子的绝招，千方百计要使儿子树立起这样的信念："只要你比别人强，就一定会有人来要。"

在爸爸的鼓励支持下，赵达裕重新燃起信心，从未放弃努力。辛勤的耕耘，终于赢来了初步的收获。1975年，赵达裕跨进广州队，参加了全国青年赛。而这时，父亲却因病住进了医院。面对突如其来的变故，父亲仍然没有放弃让儿子继续努力进取的愿望。他要求儿子保持信心，继续拼搏，千万不要因为自己而耽误了训练。这就是作为父亲的最大的，也是唯一的心愿。

有志者，事竟成。凭借自己的不懈拼搏，小个子赵达裕终于跨进了国家队，为中国足球的"翻身"，拼搏在绿茵场上。

他用左脚轰出世界波

1993年7月13日是黄博文的生日。当时6岁的黄博文想学篮球，尽管当时父母双双下岗，家里靠父亲黄俊伟骑"啪啪车"（当地对载人三轮车的称呼）维持生计，但黄俊伟还是打算送儿子去贺龙体校练篮球，以此作为送给黄博文的6岁生日礼物。但兴冲冲而来的父子俩却被告知，篮球队只招收8岁的小孩，幸好当时黄博文母亲的一个亲戚在贺龙体校工作，就把他介绍给体校的足球教练梁惠湘，梁惠湘一眼相中了黄博文。这一眼也相出了湖南目前唯一的一位国脚。

梁惠湘还记得，当年贺龙体校足球队的孩子中，黄博文总是第一个来训练的，"我们每天下午5点半训练，他3点半放学就跑过来了，每天都比其他孩子多练一两个小时"。梁惠湘印象最深刻的是，有一次黄博文的父亲黄俊伟的"啪啪车"倒下来砸到黄博文的右脚，把他的第二个脚趾砸断了，现在

黄博文的这根脚趾前端还少一截。在这样的重伤下，黄博文只休养了20天就让父亲背着他回到训练场上，梁惠湘说："他坚持要训练，但右脚不能碰球，我就只有让他练左脚，阿文是右脚球员，但左脚也很好，就是这么练出来的。"2015年亚冠，黄博文就连续用左脚轰出世界波，将恒大送入亚冠决赛。

当年梁惠湘曾说过："我梁教练以后扬名立万就靠你阿文了。"而这句话也在一定程度上坚定了黄俊伟让儿子继续练下去的决心。要知道在黄博文进入国安一线队之前，这个家庭为他踢球已经负债30万。黄博文在小学毕业后选择进入了足球学校，每年学费就要3万元。2002年，不满15岁的黄博文加盟北京国安梯队，两年后便被提拔到一线队，并在当年以16岁零318天的年纪创造了中超最年轻进球者纪录。梁惠湘说，在国安一队第一年黄家就还清了此前为供儿子学球欠下的所有债务。现在的黄博文在恒大拿着至少700万的年薪，这还不包括各种赢球奖。

有多少个廖力生可以复制

2014年两场亚冠表现惊艳，让廖力生一夜间顿成最炙手可热的"球星"。亚冠首轮对阵墨尔本胜利，恒大0：2落后，临危受命的廖力生挺起恒大攻防转换的"后腰"，找到进攻节奏的恒大连扳4球大胜。

廖力生1993年出生于广东揭阳，从小性格朴实低调，热爱足球。廖力生能够走上足球道路，完全是受父亲的影响。潮汕地区地少人多，历来较重视篮球而忽视足球，在那一万多平方公里的土地上很难找到一块可以练习足球的地方，因此酷爱足球运动的廖力生很小便开始在深圳、东莞、广西等地辗转练球。对于辗转踢球的艰辛，廖力生根本不在乎，但是生活拮据的家里每年要交几万块钱学费，让廖力生更加坚定了自己的足球梦，廖力生说："如果踢不出来，怎么对得起父母的这番心血？"

2014年亚冠同墨尔本胜利的那场恒大处子秀，让廖力生很兴奋。他第一时间打电话给父母，回忆起当时的心情，廖力生说："那场比赛真是太开心了，第一次进入18人大名单，当时我就很满足了，没想到在下半场还有机会上场，我也不知道当时父母看到我在上场的时候是什么心情，现在想以后有机会一定让我的父母来现场看球，让他们感受一下气氛。"至于什么时候请父母来看球，廖力生很谦虚地表示："等我站稳脚跟吧，现在还不敢。"

2015年6月恒大中场引入了保利尼奥这样的强援，对于这些变化和新的挑战，即将伤病复出的廖力生心态平稳而又积极，"这段时间我都在养伤和康复，所以还没有接触斯科拉里，但是通过观看球队比赛，我也知道中场的战术较之前有了不少改变。我想我要做的是积极调整自己，尽快适应教练的战术要求。至于能否重回主力阵容，我想首先要做好自己"。

没有谁的人生是一帆风顺的，如果没有一个很好的心态去面对和战胜挫折，那你或许只有在黑暗中度过漫长的一生。廖力生面前的路一切还未可知，但是就像他说的：首先就是要做好自己。

"我又活了下来"

古铁雷斯要感谢萨尼亚，若不是2012—2013年赛季末轮二人的一次激烈碰撞，或许也没有机会提早发现癌症的侵袭。他回忆说："我的隐秘部位在与萨尼亚的碰撞后感到非常疼痛，我甚至难以走动。"然而在休赛期，他仍然感到睾丸疼痛，这样的折磨一直伴随他归队。2013年9月，经过一次全方位的检查，睾丸部位的肿瘤被确认，这名悍将不得不接受手术。确诊那天，回到家的古铁雷斯哭了，他说这是人生最大挑战，他觉得自己的足球生涯结束了。经过与纽卡斯尔联俱乐部的协商，古铁雷斯决定返回阿根廷接受手术。2013年10月，古铁雷斯左睾丸被移除，医生告诉他，只要癌细胞不再扩散，他的生活不会有任何变化。一个月后，感觉良好的古铁雷斯回到英格兰，然而迎接他的却是又一个噩耗，纽卡主帅帕杜通知他："你可以去找新东家了。"

　　2014年1月，古铁雷斯加盟诺维奇，那时距离他完成睾丸手术已过去两个月。改换门庭并未给阿根廷人带来好运，伤病以及换帅等原因，令古铁雷斯长时间坐在诺维奇的板凳席，那半个赛季，前者只为"金丝雀"在联赛出战4场。

　　然而，病情可以掩盖，但化疗导致的脱发却难以回避，起初，古铁雷斯还在极力掩饰，最终，深感重负的他决定将过去一年的经历公开。9月中旬，古铁雷斯罹患癌症的新闻见诸世界各大媒体，阿根廷人已经从长发变为光头。一周后，英超第5轮，纽卡前锋帕皮斯·西塞梅开二度，助球队2∶2战平赫尔城。进球后的西塞掀起球衣，露出"Always Looking Forward Jonas"（永远向前，霍纳斯）。

　　或许是古铁雷斯的坚持驱散了病魔最后的缠斗，在向社会公布病情一个月后，新添文身"Stay hungry, Stay foolish"的古铁雷斯就在布宜诺斯艾利斯参加了马拉松慈善跑。这还没完，11月初，已经敲定返回纽卡斯尔联日程的他，又在胳膊上完成新文身："我又活了下来，我觉得现在比以往任何时候都更有活着的感觉。"

2014年12月22日，古铁雷斯以队长身份出战预备队联赛；2015年3月1日，他坐上了圣詹姆斯公园球场的替补席；而4天后，古铁雷斯在纽卡与曼联的比赛中替补登场，从退役边缘到重回球场，一切宛如梦境。至于更神奇的一幕，就是本赛季末轮古铁雷斯的远射破门，他战胜了癌症，迎来了进球。

其实，与过去两年的跌宕命运相比，这些浮云早已不再重要。正如古铁雷斯所说，只有你经历了一些关口，才能分清生命里真正重要的事。多年以后，即便古铁雷斯已经忘记这次癌症的始末，也一定会想起那时如亲人般的科洛奇尼，给予无限支持的纽卡球迷、阿根廷队友，以及那位发来自己战胜癌症前后历程的素昧平生的女演员。古铁雷斯说，他希望把这样的力量传递下去，直至永远。

换肾斗士

经历了两次肾脏移植手术后，克罗地亚人克拉什尼奇不仅作为射手重新回到了绿茵场上，还成为世界上少有的依靠他人肾脏参赛的职业球员之一。而在德甲2007年赛季上半程最后一轮联赛中，他不仅打入两个进球，还奉献了一次助攻，当之无愧地成为当天威悉球场上的最佳球员。而一年前，得知消息的人们都认为，如果克拉什尼奇能够再次站在绿茵场上，那绝对是一个奇迹。

在经过了11个月的休养之后，克拉什尼奇真的回来了。2007年11月24日，不来梅客场2∶0战胜科特布斯，而当比赛进行到69分钟时，克拉什尼奇出现在了场边。不到一个月之后，他又在球队主场大胜勒沃库森的比赛中梅开二度，上一次在德甲的梅开二度还是在2006年5∶0战胜科隆的比赛中。赛后，经理阿洛夫斯这样评价他的两个进球："对于伊万来说，射门就像骑自行车一样，他对此驾轻就熟。"而教练沙夫则说："我想这是一份最好的圣诞礼物。"对于克拉什尼奇本人来讲，值得庆贺的事情并不止这些。

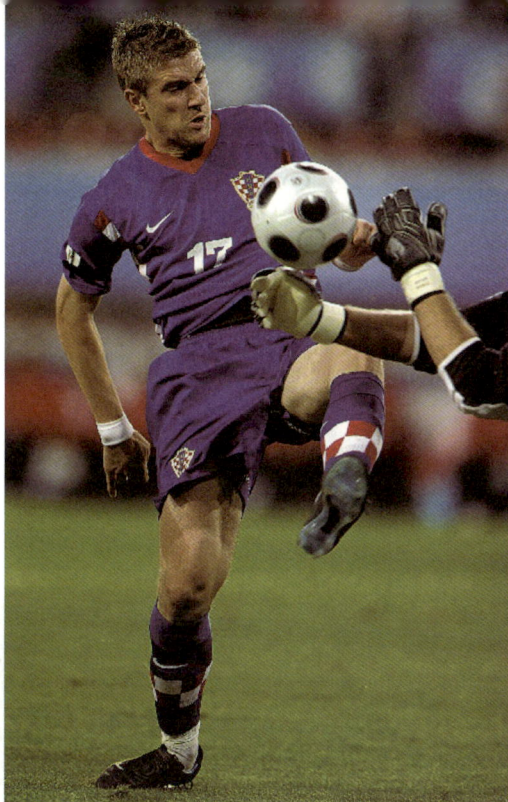

年末，他同意了球队延长合同的要求，而只要在下半程有良好的表现，他甚至有机会赶上2008年的欧洲杯。

没错，这并不是不可能发生的事情。重回赛场的克拉什尼奇并没有因为伤病而失去往日的犀利，两个进球，足以让威悉河畔的人们重新喊出Killer这个称号。而经历了一次劫难之后，克罗地亚人也深有感慨："我现在明白了，什么才是真正重要的。比如说，美好的一天，就是你醒来，发现自己很健康，可以做任何自己想做的事情，比如踢球。"

从侏儒到球王

现在的梅西是一个手捧金球的巨人，但有谁能想到，10年前的他差点因为侏儒症结束自己的足球生涯。和家乡罗萨里奥的其他孩子一样，梅西从小就酷爱足球，但也和家里的亲人一样，梅西天生矮小瘦弱……虽然一直是纽维尔老伙计队少年队中最棒的球员，但到13岁时，梅西还只有140cm。根据

医生的检查，他患有先天性侏儒症，在11岁时已经停止生长。

"我记得，而且永远都不会忘记拿到诊断结果的那一天。当时天特别冷，我们在街上，梅西没有任何表情，非同一般的冷静，我知道他比任何人都清楚，家里没有任何能力让他治疗。"父亲豪尔赫回忆说，"作为父亲，我最清楚梅西的病源于营养不良。阿根廷盛产世界上最好的牛肉，拥有世界上最好的奶酪，但那不属于我们。梅西是吃着土豆和胡萝卜长大的，是喝着那些没有油沫的汤后去踢球的。他从不抱怨，年纪轻轻就比谁都懂事，这一点没有人比我更清楚。"

2000年9月，凭着精湛的球技，年仅13岁的他加入了巴塞罗那青年队。首场比赛，他就凭借娴熟的脚法、过人的盘带突破能力，折服了看台上的万千观众。看台上，掌声雷动，尖叫四起。父亲更是激动得热泪横流。然而惊喜之后，父亲心中却是无边的荒凉与绝望。140cm的身高，注定了儿子与足球无缘。他的脚法越是完美，越是带给父亲深深的遗憾与疼痛！

关键时刻，梅西遇到了自己生命中的贵人图尔尼尼，一个长年为巴萨在南美物色小球员的球探。在图尔尼尼的帮助下，梅西举家迁至巴塞罗那，当时的巴萨体育主管雷克萨奇在看了梅西的训练和比赛后毫不犹豫地与其签约，并安排俱乐部为其治病，这一刻开始，梅西的巨星之路才终于打开。

就这样，他一边训练，一边接受治疗。2003年，他的身高终于达到170cm。虽然在足球运动员当中，这样的身高仍然偏矮，但是对他来说已经足够了。

2006年，出征世界杯，成为当年最年轻的世界杯球员；2008—2009年赛季，率领球队连夺西甲、国王杯和欧冠三个冠军，成就了西班牙球队史无前例的三冠王；2009年，获得"世界足球先生"称号……直到2013年获得职业生涯第四座金球奖奖杯，他终于成了绿茵场上一颗璀璨无比的明星，成了名副其实的球王。他的名字叫里奥·梅西！

每当全球亿万球迷为梅西这位足球巨星尖叫呐喊时，很少有人知道他有那么一段悲凉的年少往事。如果梅西当年对足球有一丝一毫的动摇，那么现在，他不过是个可怜的侏儒，在某个城市某个不知名的灰暗角落，依靠人们的怜悯，艰难地谋生……

很多时候，面对困难，我们唯一的选择就是迎上去，战胜它。有时，仅仅后退一小步，我们就成了再也没有机会翻身的"侏儒"，而咬着牙忍着泪一步一步顶上去，终有一天，我们会迎来生命的阳光，成为名副其实的"球王"。

一个搬砖工的英超故事

在切尔西与女王公园巡游者的英超联赛中，25岁的女王公园前锋奥斯丁，在第62分钟以一个精妙的脚后跟射门，攻破了蓝军的大门。而为切尔西守护城池的中卫队长特里恐怕做梦也想不到，这位击败自己的前锋，在八九年前，还只是一个追着自己合影的小球迷。

"麻烦您，和我照一张合影好吗？"当年在切尔西的哈林顿训练场（已

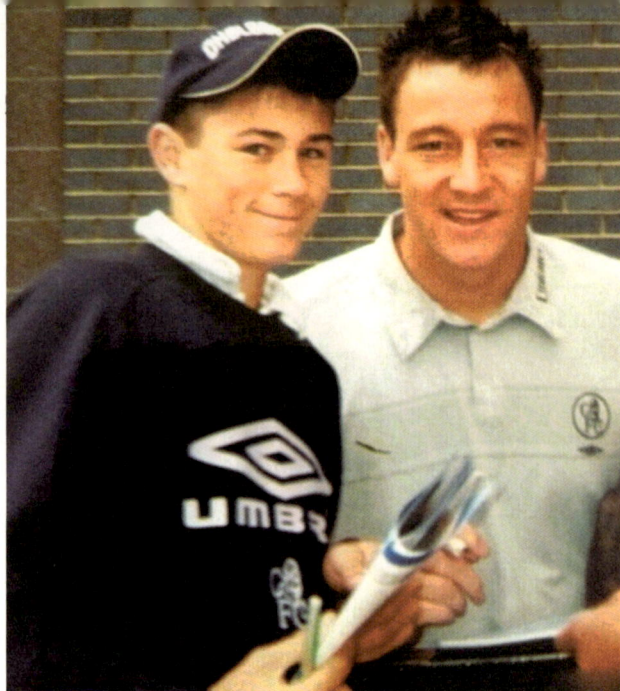

被蓝军弃用，如今是女王公园的基地），一个怯生生的男孩这样问特里，于是便留下了这张再普通不过的追星合影照。照片中，奥斯丁一脸羞涩，满足地抿嘴笑着，当年的他，穿着切尔西的外套，胸前还是蓝狮的老队徽。

合影之后，照片中的两个人命运迥异，特里一直是切尔西的队长，而奥斯丁则在足球之路上曲曲折折。19岁时，他成为一名搬砖工，搬砖、打坯、砌墙等成为每日的主业，剩余时间在当地的业余队"金特伯利流浪者队"训练和踢球，后来又到半职业的普尔城队碰运气。2009年，奥斯丁抓住在斯文登队试训的机会，与该队签下了一年合同，正式成为一名职业球员。2009年11月21日，在第一场完整的客场处子秀中，奥斯丁打进了第一个职业生涯进球。

从那之后，这名昔日的搬砖工开始了腾飞，在斯文登队54场打进31球，后来转投伯恩利队82场进41球。2013年，老雷德克纳普把他签到女王公园，他的20个联赛进球，成为女王杀回英超的关键。如今在英超，他已经有了5个进球，包括攻破儿时起一直支持的切尔西的大门，而且是在斯坦福桥！

"当年谁能想到，你会和约翰·特里同场交锋！"在社交网络，奥斯丁的妈妈贴出了儿子与特里当年的这张合影，同时骄傲地说道。妈妈给这张照片贴上的标签是："Living the dream"（活在梦中，为梦想而活）。

这就是查理·奥斯丁的励志故事。昨天，他还是那个追着特里请求合影的小孩，在搬砖之余坚持着足球梦，而今天，他在英超腾飞，攻破了特里身后的大门！

从售票员到最佳射手

在2015年欧联杯决赛中，塞维利亚3：2逆转第聂伯罗，第四次夺得欧联杯冠军，其中有个不得不提的名字，他就是哥伦比亚国脚卡洛斯·巴卡，他先是助攻了扳平进球，随后梅开二度帮助塞维利亚登顶，当选决赛的最佳球员，而谁都不曾想到在8年前，巴卡还曾是一名公交车售票员。当你只是一个平凡的劳动者，为两餐而奔波着忙碌着的时候，是否还会坚持着自己的梦想？在很多人放弃的时候巴卡依然坚持着，并一步一个脚印地走向成功。

巴卡在接受《马卡报》采访的时候讲述过自己的故事，从小家境不好的巴卡只能在公交车上当售票员，他一边踢球一边卖票，他所在的公车单程半

小时，长度20公里。做售票员的间隙，巴卡有时会去卖鱼。巴卡20岁时才成为职业球员，2007年他效力于哥伦比亚青年竞技队时帮助球队赢得了联赛冠军。巴卡也因在联赛和南美"解放者杯"比赛中打入24球，荣获了哥伦比亚"金靴奖"。26岁时巴卡登陆欧洲加盟比利时布鲁日，2012—2013年赛季他出场35次打进25球，包揽比甲联赛金球和金靴后，巴卡被塞维利亚出价700万欧元挖走。2014—2015年赛季欧联杯决赛，在塞维利亚先失一球的情况下，依靠巴卡一传两射，塞维利亚击败第聂伯成功卫冕。巴卡还在2014年代表哥伦比亚参加了巴西世界杯，在1/4决赛对阵巴西时巴卡还创造了一个点球，他目前已代表国家队出场29次打进7球。可以说，巴卡非常有潜力取代法尔考成为哥伦比亚国家队的锋线一号人物，毕竟"老虎"法尔考在曼联度过一个碌碌无为的赛季后受到了多方质疑。

今年30岁的巴卡，可以说是大器晚成，8年时间，巴卡一步一个脚印，不断将自己的生涯提升到更高的高度，但其不放弃的精神值得我们学习。

一次次被铲倒，一次次爬起来

克里斯蒂亚诺·罗纳尔多（C罗）来自葡萄牙的大西洋美丽海岛马德拉岛。和与他名字差不多的两位巴西球星罗纳尔多（大罗）和罗纳尔迪尼奥（小罗）一样，C罗的家境并不富裕，他的父亲迪尼斯· 阿贝罗是个花匠，同时在一家小型俱乐部里管理设备，家里还有两个姐姐和一个哥哥。他的父亲因为崇拜美国前总统罗纳德·里根而给他起名罗纳尔多，不过他对政治并不感兴趣，崇拜里根的原因是当年看过一些里根出演的电影。

C罗的父亲对足球的喜爱影响了年幼的C罗，当年在自家后院一直踢的那个足球是他形影不离的朋友，"说真的，我不知道我为什么这么爱它，但我就是这样"，C罗这样说。可是并不富裕的丰沙尔并没有多少合适的场地踢球，"我非常容易就会开心——在圣诞节，在我的生日，我最想得到的礼物都是足球。在那些日子，虽然我们家没有钱，但如果我能得到一个球，我

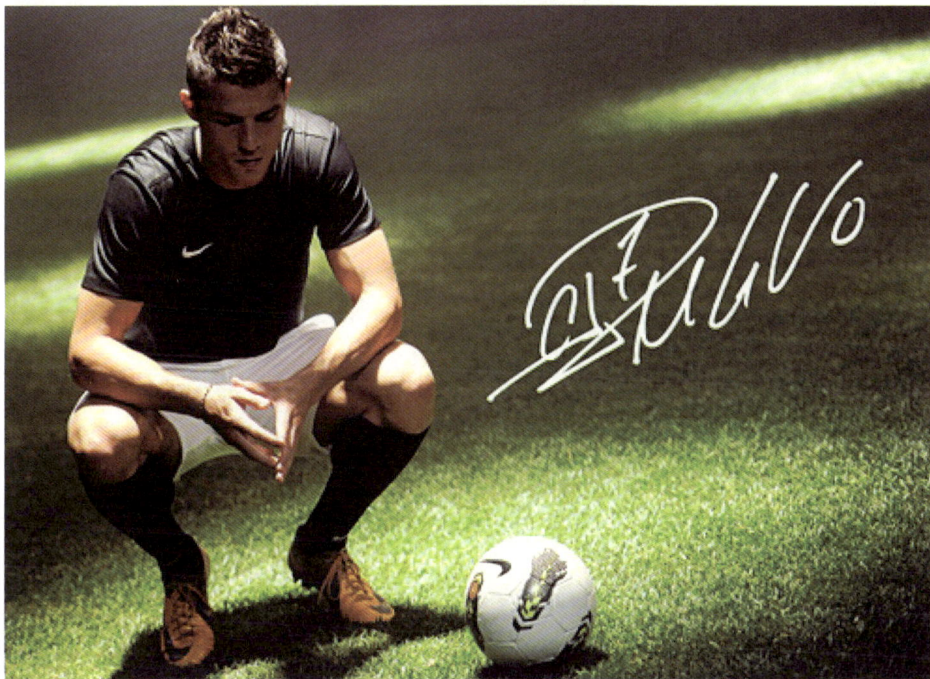

就很高兴。我总想得到手工缝制的足球，因为它们能踢很久。我有自己的球
场，是水泥地的，那就是大街。我总是在踢球，有时候还逃学去踢球。"他
开始变着花样过人，而且学会了永不服输。"街上踢球的孩子都比我更大，
我只能晃过他们才能继续前进，当然他们经常把我推倒或是铲翻，这是一种
精神上的挑衅，你不能服软，必须站起来，然后用足球击败他。"十多年过
去了，如今，在世界上任何一个球场，C罗依然做着同样的事情，一次次被
对手铲倒，一次次爬起来继续突破。

"足球成为我生命中非常重要的一部分"

费尔南多·何塞·托雷斯·桑斯是非常棒的前锋，在世界顶级俱乐部效
力。托雷斯生于1984年3月20日，小时候生活在马德里南部一个名为福恩拉

布拉达的镇上。就像大多数欧洲大陆的孩子们那样，他很小就开始踢球。他最早的足球记忆是在一个个炽热的夏日里和爸爸踢球，并从祖父那里听一些伟大球星们的故事。他参加的第一场正式比赛是在当地体育中心举办的一个为期两天的室内锦标赛，他代表Parque 84比赛。那时他只有5岁。托雷斯说："大约是从6岁开始，足球成为我生命中非常重要的一部分，这还得感谢西班牙少儿电视台播放的一个名为'Oliver and Benji'（'足球小将'或'足球小子'）的节目。那是一个卡通系列节目，很好看。讲的是一群小孩子快乐地踢球，最后成为职业球员的故事。""看完节目后，我和哥哥就出去踢球了。我梦想像节目里的孩子们一样成为一名职业球员。""最初，我是当门将的，直到有一天我扑救时被足球击中，掉了两颗牙齿后，我才决定结束自己的守门生涯，尽管那个扑救真的很精彩。"

接下来的那个夏天，托雷斯加入了当地一个名为"Mario's Holland"的球队。尽管他比队里其他队员都小，瘦弱的身体经常使他被对手撞飞，但他却凭借个人的技术在室内青年联赛里为本队攻城拔寨。他不断努力，不断进步。

托雷斯说："生命里的头7年，家庭、朋友、足球、假期，这些带给我的都是快乐。"他11岁的时候加入了马德里竞技的少年队，12岁的时候拒绝了皇家马德里的邀请，15岁的时候在他的劳动合同里出现了200万英镑的买断条款，17岁的时候成为了马德里竞技一线队历史上最年轻的球员，19岁的时候成为了这支球队历史上最年轻的队长，而在20岁的时候他首次入选国家队。随后在2001年，西班牙队夺得了在英格兰举行的欧洲U16锦标赛的冠军，而托雷斯则是那项赛事的头号射手以及最佳球员。

优秀的自律来自从小的良好教养

1982年4月22日，卡卡出生在巴西一个知识分子家庭。从小就接受严格家庭教育的他，12岁时就已确定了自己的信仰，成为一名基督徒。他说："无论发生什么，我都会忠实于这次决定。"

"我很可能会残疾，是上帝救了我，上帝就是我的生命。"卡卡小时候曾在游泳池摔伤了第6节脊椎骨，但最终痊愈。2007年当AC米兰夺取了欧洲冠军杯，卡卡在赛后脱下球衫，亮出了写有"我属于耶稣"的T恤衫并祷告。2004年AC米兰在意甲夺冠和2002年巴西击败德国夺得世界杯后卡卡也做出过同样的动作。2005年联合会杯，巴西在决赛4：1大胜阿根廷之后，卡卡和队友戈麦斯、卢西奥都穿上印有"耶稣爱你"的T恤衫庆祝，而且还是不同的语言版本。这就是为何卡卡每次进球后总张开双手遥指天空，他是在感谢上帝。

卡卡的小学体育老师埃尼奥·费雷拉说："他有盘带的天赋，但他更喜欢传球，他不追求表现自己。看看他生活的环境，他也确实没有这个必要，他不着急。"中学体育老师马金霍则评价道："其他的孩子踢球比他好，但他们的家庭没有教会他们开始职业生涯的必需素质。13岁的卡卡已经很有责

任感，让人尊敬。他从来不会头脑发热。"同巴西绝大多数底层跃出的球星不同，卡卡的纪律性显然更强。

与其他球星的不良私生活相比，身为基督徒的卡卡生活非常单纯。在2007年圣诞节，和相爱多年的卡罗琳娜在圣保罗一所教堂内完婚。他说："我喜欢阅读《圣经》，我的信仰非常坚定，我会永远爱她。"虽然卡卡被称为"巴西的小贝"，但他一向低调，在巴西的婚礼并没有大肆铺张，也没有针对媒体故意曝光增加知名度，处处都彰显出来基督徒的良好品质。

同为巴西人的上世纪球星贝贝托评价卡卡说："去意大利的巴西人很多，但卡卡是最优秀的之一，重要的是他是个乖球员，人品很好，生活方式也很好，是个很规范的基督徒。我们知道，天才往往会被生活中的一些东西诱惑，但卡卡他不喝酒不抽烟，训练后也不外出——这是他成为巨星的重要条件。"

父亲的拥抱比多少耳光都有力量

球王贝利出生在巴西海岸线附近一个贫困的小镇，父亲是个因伤退役、穷困潦倒的前足球户外员。贝利从小酷爱户外足球，很早就显现出踢球的天分。但因为家里穷，父亲没有钱买足球，为了鼓励儿子贝利对足球的钟爱，他用大号袜子、破布和旧报纸，做了一个自制"足球"送给儿子。从此，贝利常常光着黑瘦的脊梁，在家门前坑坑洼洼的街面上，赤着脚向想象中的球门冲刺。

10岁时，贝利和伙伴们组建了一支街头足球队，在当地渐渐小有名气。足球在巴西人的生活中有着举足轻重的地位，因此，镇里开始有不少人向崭露头角的贝利打招呼，还给他敬烟。贝利很享受那种吸烟带来的"长大了"的感觉，渐渐有了烟瘾。但因买不起烟，他开始到处找人索要。

一天，贝利在街上向人要烟时被父亲撞见了。父亲的脸色很难看，眼里充满了忧伤和绝望，甚至还有恨铁不成钢的怒火，贝利不由得低下了头。

回家后，父亲问贝利抽烟多久了，他小声辩解说只吸过几次。忽然，贝利看见面前的父亲猛然抬起了手，他吓得肌肉紧绷，不由自主地捂住自己的脸。父亲从来没有打过他，可这天他的错误确实有些大了，小小年纪就抽烟，而且还撒谎。然而出人意料的是，父亲给他的并不是预想的耳光，而是一个紧紧的拥抱。父亲把贝利搂在怀中说："孩子，你有踢球的天分，能够成为一个伟大的球员。但如果你抽烟、喝酒，染上各种恶习，那足球生涯可能就到此为止了。一个不爱惜身体的球员，怎么能在90分钟内一直持续较高的水平呢？以后的路怎么走，你自己决定吧。"父亲放开贝利，拿出瘪瘪的钱包，掏出里面仅有的几张纸币说："如果你真忍不住想抽烟，还是自己买的好，总向别人索要，会让你丧失尊严。"贝利感到十分羞愧，眼泪几乎要夺眶而出，可当他抬起头时，发现父亲的脸上已是泪水纵横……贝利再没有抽过烟，也没有沾染任何足球圈里的恶习。他以魔术般的足球天赋和高尚谦逊的品格，被誉为20世纪最伟大的球员。

多年以后，已成为一代球王的贝利仍不能忘怀当年父亲的那个拥抱，他说："在几乎踏上歧路时，父亲那个温暖的拥抱，比给我多少个耳光都更有力量。"

是金子总会发光的

1972年6月23日，齐达内出生于法国南部马赛市北郊的卡斯特拉纳镇的一个阿尔及利亚侨民之家，他是家里第5个孩子，他的父亲伊斯梅尔是个守夜人。

13岁时，齐达内开始了正规的足球训练，参加卡斯特拉纳镇的少年足球队。他不仅天资过人，自身也非常努力，在足球队里刻苦训练，丝毫没有因为天赋的优势就懈怠一丝一毫。14岁时他就有"马赛神童"之称。1994年8月17日，他第一次作为首选队员参加了法国国家队对捷克队的比赛。他在法国队以0：2落后时被替换上场，并在15分钟内分别用左脚和头攻入2球。这场比赛是他的"成名之作"。

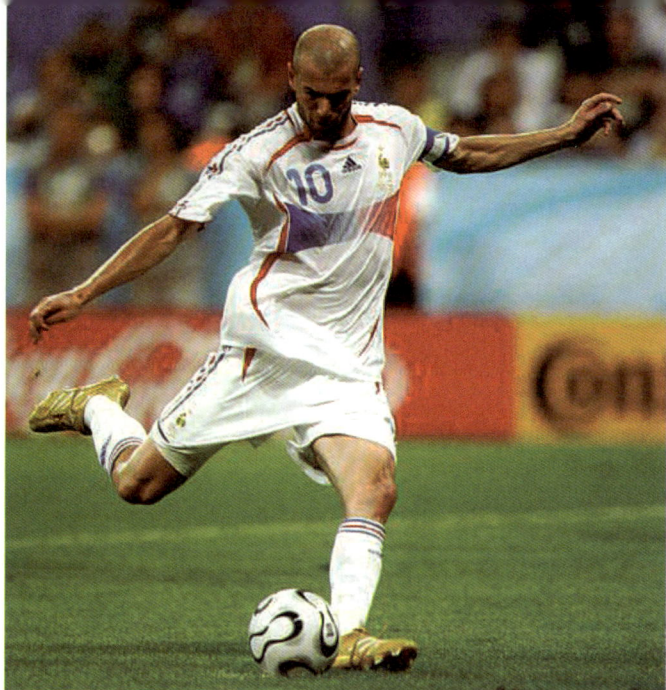

　　在1996年7月，齐达内从法国波尔多俱乐部足球队转会至意大利尤文图斯俱乐部足球队，年薪达1200万法郎。他在尤文图斯队中虽然身披21号球衣，但却像普拉蒂尼那样很快成为尤文图斯队的中场核心。1996—1998年，他效力的尤文图斯队在各种大赛上获得了优异成绩，包括意甲冠军和欧洲冠军杯亚军。即便如此，齐达内的名声似乎仍然不是很响亮，这也许和他内向的性格有关。他更倾向于自我思想的世界，而不是去表现什么。然而是金子总是要发光，齐达内名声鹊起是在1998年的法国世界杯上，他作为法国的中场核心参加了比赛。在法国与巴西进行的世界杯决赛中，他两次利用前场角球的机会头球攻破巴西队的大门，为法国队首度捧得大力神杯立下汗马功劳。那场比赛至今仍然令人难忘，当时齐达内便成为了法国人心中的神，甚至有球迷要求让齐达内当法国总理！可见他当时的人气之旺。当年，齐达内被评为法国足球先生。

　　两年之后的2000年7月2日，齐达内与队友合作，使法国队获得欧洲足球锦标赛冠军。他本人入选了欧锦赛最佳阵容，并在一年一度的欧洲最佳评选中荣获了"欧洲主席"奖。2001年7月，齐达内以创纪录的6450万美元的身价转会到西班牙皇家马德里队。

机会永远眷恋不停奔跑的人

在足球这个洋溢着青春力量的赛场上，16—22岁是成名的黄金年龄段，如果一个球员到了25岁还没拼出什么名堂，那么他的足坛未来恐怕就基本要被定性为平庸了。然而在2013年，兰伯特竟以31岁这样接近退役的高龄入选国家队，难怪会轰动英格兰足坛。如果说之前已是知名球员，因为所踢的位置上有了更好的人选才没能进入国家队，现今碰上机会得以入选，也属正常。但兰伯特的情况却并非如此，在30岁之前，他一直默默无闻——根本没有几个球迷知道这家伙是谁。

机会总爱眷恋那永远不停奔跑的人——兰伯特用自身为例完美地印证了这句话。他所主演的逆袭励志大剧，将在未来很长一段时间内成为无数平凡球员的拼搏动力。

兰伯特的职业生涯从布莱克本起步，但不久他即被该俱乐部解雇，随后一段时间内无球可踢，之后甚至沦落到只能为英丙球队效力。直到2004年，他才首次踢上英甲。因为进球率不稳定，没有哪支球队愿意给他一份长期合同。2009年投奔南安普顿后，兰伯特的职业生涯才迎来转机，随后他帮助球队完成了三级跳——从英甲升入英冠，再升入英超。2012年随南安普顿升入英超前，兰伯特一直在英格兰各种低级别联赛中进进出出，给人的感觉像是一直在"混饭吃"。在无球可踢的那段时日中，他甚至一度在一家甜菜根罐头厂打零工以维持生计："我的工作就是给甜菜根罐头装上盖子，一天能赚20英镑。白天我就在工厂干活，晚上才能抽空去练练球。"

但就是这么一个看似无比平庸的球员，在压抑多年后，终于开始爆发，并在英冠和英甲夺得了三次最佳射手。在随南安普顿升入英超后的首个赛季，他更是打入15个进球，成为英超的本土球员射手王，为南安普顿的保级立下汗马功劳。也正是凭借这一赛季的出色表现，兰伯特才赢得英格兰国家队主帅霍奇森的青睐，从而在31岁高龄首次入选国家队。这一成绩，对一个从低级别球队一步步爬上来的球员来说，已足以称得上是传奇，但兰伯特的童话故事却远不止于此。2013年8月15日，温布利大球场，在代表英格兰的首场比赛中，兰伯特第一次触球便打入制胜球，堪称英足坛第一神人。

每一次都奋力拼搏

1990年8月12日，父母都是非洲侨民、祖籍加纳的巴洛特利出生在巴勒莫，被一个布雷西亚家庭收养长大。15岁7个月时，他就代表意丙联赛的卢梅扎内出场，创造了意大利职业联赛的历史纪录。2006年的夏季转会的最后一天，国际米兰的转会部门负责人找到了巴洛特利的哥哥也是他的经纪人科拉多询问了相关的资料以后，立即给予了巴洛特利一份为期三年的合同。2006—2007年赛季，小马里奥在U17青年队的头20场比赛打进19球，之后下半赛季被提拔到U19青年队，又打进9球，并且帮助国米U19青年队拿到青年联赛冠军，因此受到一线队的主教练曼奇尼的关注。从2007—2008年赛季前的热身赛，到2007—2008年赛季的意大利杯和联赛中，年轻的巴洛特利均获得了出场机会，并且表现不俗。

　　2007年12月17日在国际米兰与卡利亚里的比赛结束前2分钟，巴洛特利被曼奇尼替换上场，这是他第一次在正式比赛中代表国际米兰一线队出场。2天后的意大利杯同雷吉纳的比赛，巴洛特利第一次在一线队比赛中首发，他不仅打满90分钟，而且打进两球。2008年1月30日意大利杯1/4决赛国际米兰客场面对尤文图斯，巴洛特利再次打进关键的两个进球，帮助国际米兰3∶2战胜尤文图斯成功晋级。2008年4月6日，在意甲第32轮比赛中，巴洛特利代表国际米兰首发出场，在第21分钟角球助攻维埃拉破门，在第73分钟打进他在意甲的首粒进球，以一传一射帮助国际米兰客场2∶0战胜亚特兰大队。

　　基于他的种种优秀表现，18岁的巴洛特利在2008年夏天与国米续约至2011年，120万欧元的年薪使其成为同龄人中收入最高的球员。巴洛特利的未来一片光明。

从足球少年到足球巨星

哈梅斯·罗德里格斯于1991年7月12日出生于哥伦比亚库库塔，在他年仅3岁的时候，父亲威尔逊就将他抛弃了，小罗德里格斯被母亲皮拉尔·卢比奥和继父抚养长大。

在罗德里格斯6岁的时候，继父鼓励罗德里格斯去踢球，引导罗德里格斯走上足球之路。罗德里格斯的叔叔，阿雷依·罗德里格斯也曾是麦德林俱乐部的一名球员，也给了小罗德里格斯一个重要的建议：不要玩其他孩子玩的那些玩具，而他也确实拥有了大小颜色各异的足球。罗德里格斯儿童时期就一直接受足球训练，不断努力，厚积薄发。青少年时期的他开始崭露头角。

2005年哈梅斯·罗德里格斯仅14岁就从青年队中跳级，并于小球队恩维加多（Envigado）俱乐部上演了自己的处子秀，开始了职业生涯。2006年球队被迫降级，但第二个赛季罗德里格斯帮助恩维加多俱乐部升级成功。2007年罗德里格斯代表哥伦比亚参加南美U17锦标赛帮助球队获得冠军，并斩获

3粒进球。欧洲世锦赛上，罗德里格斯代表哥伦比亚打满全部8场比赛，并取得第2名的成绩，仅次于巴西队，在第二阶段小组赛中3次破门得分，帮助哥伦比亚赢得了当年夏天在韩国举行的U17世青赛入场券。罗德里格斯参加了世青赛的全部3场小组赛，尽管第二阶段被尼日利亚淘汰，罗德里格斯的表现并没有被忽视，很快被班菲尔德带入阿根廷。2008年加盟阿根廷的班菲尔德足球俱乐部，2010年登陆欧洲，加盟波尔图足球俱乐部。2013年5月，罗德里格斯以4500万欧元身价转会摩纳哥足球俱乐部。

2014年，罗德里格斯代表哥伦比亚参加巴西世界杯，以5场6进球2助攻的成绩获得世界杯金靴奖。

第二节　名人球事

为什么许家印愿投巨资在足球？

许家印是一个有社会责任感的企业家。

2010年3月，作为恒大集团主席的许家印宣布买断广州医药球队全部股权，并把俱乐部更名为广州恒大足球俱乐部。

当时很多人都不解，为何要把巨资投给一支降级的球队？

他这样回应："在广州足球发展处于低迷之际，我们有责任、有义务帮助粤足重返巅峰，让广州足球市场重归火爆，为中国足球登上新台阶贡献力量。"

许家印曾坦言，投资足球并不代表他就是一个铁杆的足球迷，但他承诺，"此次收购，是百分百收购。恒大要么不做，这次既然做足球了，要做就得做到最好"。

这是对广州足球、对中国足球的信任与热爱，也彰显出一位成功企业家

对足球发展的责任心与自信心。

　　为了为中国足球培养后备力量，2012年许家印又投巨资建成目前世界上最大的寄宿制足球学校。2014年开办恒大足球学校西班牙分校，目前已有学员75名。

　　广州恒大在足球上的付出及取得的成绩与荣誉，正在不断兑现许家印的承诺——"做了就要做到最好！"

王健林为何重返足坛？

　　1998年，不堪甲A"假赌黑"丑闻的王健林宣布万达集团退出足坛。2013年，15年后，作为中国首富的王健林决定重返国内职业足坛，让中国职业足球又迎来一个大佬。为何在15年后他又重返足坛？

　　王健林自己曾解释说："退出中国足球，有两个原因：一是对于体制感

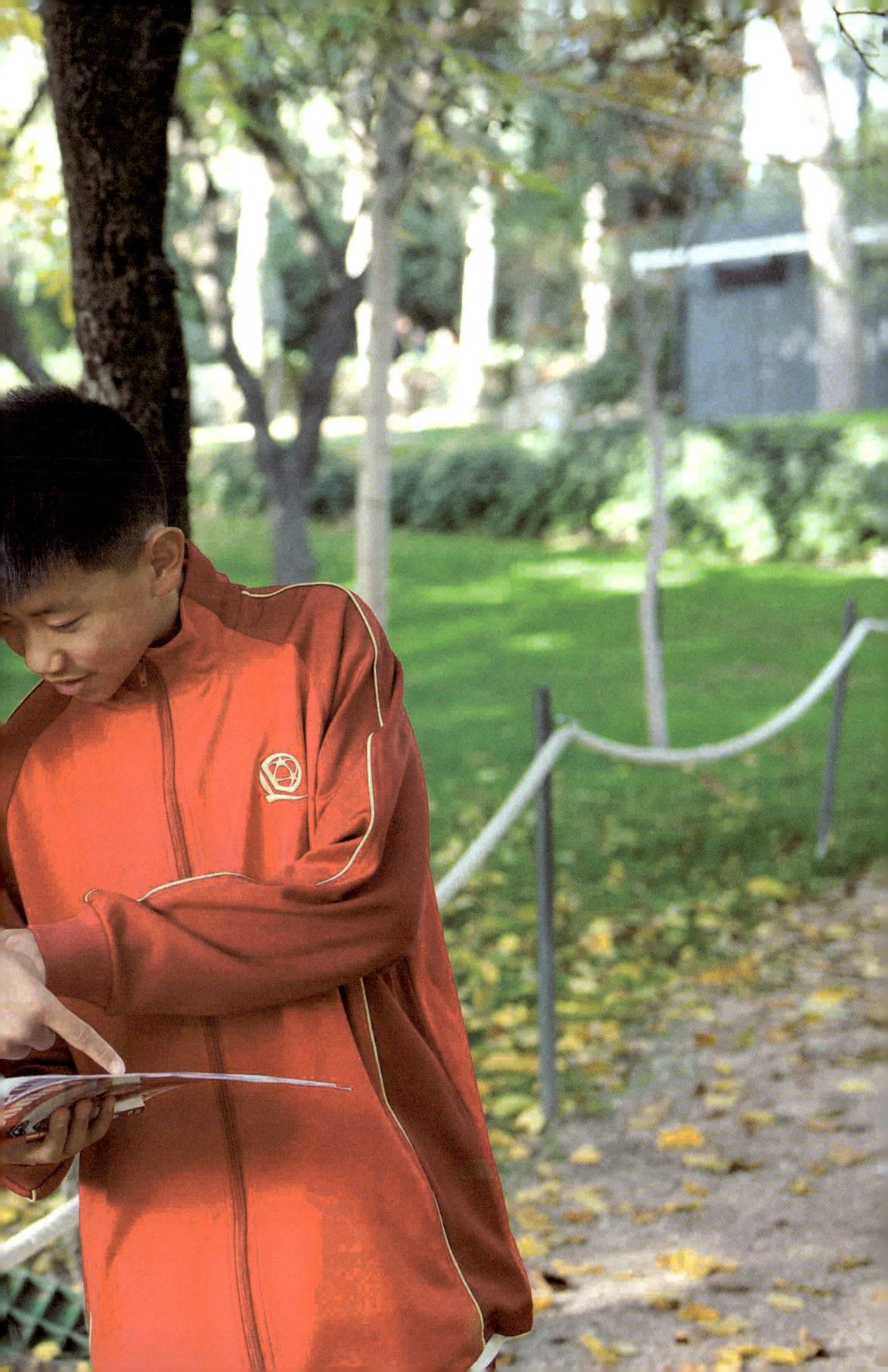

到无奈，是官办足球，我只有拿钱的命，没有任何话语权，我觉得很没有意思；二是万达集团进来以后没有制止住这种局面。如果我再进来，能把官办足球变成市场足球，我一定会回去，只要我回去，一定是最棒的。"

如今随着中国足坛环境好转，足球再度升温，职业足坛引得多少人想分得一杯羹。王健林也不例外。况且种种迹象表明王健林对职业足坛始终是念念不忘，比如赞助国字号，送国内青少年出国踢球，收购西甲劲旅马竞的股权等。

王健林对足球的眼光及内心不变的惦念，再加上中国足球市场化脚步的加快，我们完全有理由相信万达将在中国足球发展上贡献一份重要力量。

马云为什么加盟广州恒大？

马云，浙江人，阿里巴巴集团主要创始人，现任阿里巴巴集团董事局主席。2014年6月5日，马云宣布以12亿入股恒大足球俱乐部，并与恒大集团各

持俱乐部的50%股份。

当时恒大已为中超三连冠，还拿到一次亚冠冠军，从商业价值角度来说，恒大的报价并不高。更重要的原因是，作为中国目前职业化程度最高的俱乐部，恒大在经营层面更加透明。

另外，马云很有眼光和战略，看清了中国足球的大形势：在中国从下到上，振兴中国职业足球的呼声愈演愈烈，高层也屡屡暗示过振兴足球的政策信号。可以说未来中国职业足球市场潜力不可估量。

马云接受记者采访时，坦言到："我投资恒大，根据阿里巴巴一贯的想法是要么成第一，要么打败第一，要么跟第一合作。"其中的雄心和信任不言而喻了。

科学家与足球有什么不解之缘?

2010年7月30日，我国近代力学奠基人之一、著名的科学家钱伟长先生逝世，享年98岁。而一生致力于科学事业的他，与足球也有着种种不解之缘。

1931年，18岁的钱伟长考入了清华大学中文系，凭借着身体灵活、速度快、脚法好，很快成为清华大学足球队的主力左前锋。1937年，钱伟长入选中国队，参加了在菲律宾举行的远东运动会。那场比赛，钱伟长一脚破门，还射破了对方守门员的裤裆。

2002年，钱老亲自创办了"钱伟长杯"上海大学生足球邀请赛，并挥笔制定了比赛章程和规则，打造了"钱伟长"奖杯。

前世界足球小姐孙雯退役后，曾一段时间客串过记者。在孙雯的记忆中，钱伟长是足球行家。她回忆说，当年，上海女足希望找个合适的场地做主场，联系到上海大学，钱老得知后非常高兴。当时中国女足生存情况不太好，当得知客队女足的食宿标准不够时，钱老当即表示："我来贴补。"

钱老生前曾说过："都说运动员头脑简单、四肢发达。我不这样看，要把一项事业做到一个高度，都是需要动脑筋的。体育比赛总是在不断地发现问题，然后思考解决的方案，才能进步。"

为什么足球运动员要授予诺贝尔物理学奖?

玻尔在1922年获得诺贝尔物理学奖，他是哥本哈根学派的创始人，20世纪上半叶最伟大的物理学家之一，爱因斯坦非常要好的朋友。

在报道玻尔获得诺贝尔奖时，丹麦报纸普遍采用的标题是：《授予著名足球运动员尼尔斯·玻尔诺贝尔奖》。

玻尔18岁进入哥本哈根大学，很快就成了哥本哈根大学足球俱乐部的明星守门员，他习惯在足球场上一边心不在焉地守着球门，一边用粉笔在门框上排演着公式。据丹麦AB队史料记载，在一场AB队与德国特维达队的比赛中，德国人外围远射，尼尔斯·玻尔却在门柱旁边思考一道数学难题。大学四年级时，由于俱乐部的成绩出众，立下汗马功劳的玻尔入选国家队。1908年的伦敦奥运会上，玻尔帮助丹麦队获得男子足球项目的银牌。

玻尔后来进入科研机构，专心于原子物理研究，但他仍不忘心爱的足球，业余时常把踢足球当做休息，并且坚持参加国家队训练或比赛，成为一名不折不扣的"科学家球星"。

第三节　世界知名球队深度阅读

红魔曼联

"红魔"（The Red Devils）是英格兰足球超级联赛球队曼彻斯特联队的绰号。19世纪80年代末俱乐部还被称做"The Heathens"，但更多的人叫它"The Heathians"。纽顿希斯于1902年被清理财产，足协同意俱乐部重组。两个苏格兰人出资拯救了球队。在批准"曼彻斯特联队"之前，提出过很多名字，包括"曼彻斯特中央""曼彻斯特凯尔特人"，但因苏格兰味道太浓没有被采用。改为曼彻斯特联队后队员的红色球衣使人们一致认为球队应叫做"The Reds"。20世纪50年代曼联被称做"红魔"，由于慕尼黑空难后"巴斯比宝贝"的昵称显然已不再合适，这个"红魔"绰号一直被沿用至今。这个名字是当时的巨人萨尔福德橄榄球联盟俱乐部到法国巡回比赛时赢得的。因为他们保持着辉煌的不败战绩，法国人对他们的表现印象非常深刻，称他们为"红魔"。曼联和萨尔福德橄榄球队一样穿着红色球衣，当地的支持者便采用了法国人起的这个绰号。而巴斯比爵士也非常喜欢这个称呼，就这样，曼联"红魔"的昵称开始传播开来。

1969—1970年赛季，曼联在俱乐部的队徽上加了一个手持三尖叉的红魔鬼，因为有人提出俱乐部不能再采用以前的队徽。1973年重新设计的队徽正式出现在曼联的球衣上。从那时起这个队徽基本上没改动过，只是在1998年将"Football Club"两个词去掉了。20世纪七八十年代，俱乐部出访欧洲球队时经常用一个刻在木板上的魔鬼小雕像和其他队交换礼物。而吉祥物

"红魔弗雷德"形象的不断推广也在一定程度上确保了这个绰号和曼联的紧密联系。今天红魔曼联的形象已经随着曼联的出色战绩和影响力而家喻户晓。

银河战舰皇家马德里

2000年以后，皇马在主席弗洛伦蒂诺·佩雷斯的带领下奉行"巨星政策"，致力打造豪华至极的"银河战舰"，菲戈、齐达内、罗纳尔多、贝克汉姆、欧文等巨星相继加入皇马。

弗洛伦蒂诺主张"巨星政策"，并声称俱乐部将在他的带领下实行"一年一巨星"的转会战略方针。从此，皇家马德里俱乐部进入了一个崭新的历史时期，弗洛伦蒂诺的球队被球评家们称为"银河战舰"。当选伊始，弗洛伦蒂诺入主主席的第一笔重要引援就是签入葡萄牙球星路易斯·菲戈，当年年末的金球先生以5610万美元创世界纪录的身价成为了皇马"银河战舰"时代的第一位舶来者，与劳尔、卡洛斯、耶罗一起，组成了强大阵容。葡萄牙人的到来帮助皇马赢得了2001年的西甲联赛冠军。

2001年，法国人齐达内成为弗洛伦蒂诺的第二个"猎物"，高达7600万欧元的转会费打破了菲戈的纪录，皇马从此拥有了"世界上最贵的两个球员"，经过了漫长的适应期，法国传奇在冬歇期之后成为了伯纳乌球场上的主宰，皇马第九次成为冠军杯冠军。在2002年俱乐部百年大庆的赛季，皇马以两座超级杯、一座冠军杯和一座丰田杯完成了这家伟大俱乐部的百年完美谢幕。

2003年夏天，贝克汉姆登上"银河战舰"。就在他加盟不到一个月的时间里，他们来到中国进行了一场友谊赛。在弗洛伦蒂诺任职皇马主席期间，"银河战舰"凭借一系列措施措让皇马在2006年取代曼联成为世界上最富有的俱乐部。

"老妇人" 尤文图斯

尤文图斯足球是意大利国内历史最为悠久的俱乐部之一,也是夺得意大利足球甲级联赛冠军最多的球队(32次)。尤文图斯足球俱乐部也是历史上第一个实现三大杯(欧洲冠军联赛、欧洲联盟杯、欧洲优胜者杯)"大满贯"的俱乐部。2013年5月3日,尤文图斯主场1:0击败巴勒莫,领先那不勒斯11分,提前3轮夺得意甲冠军,这是尤文图斯的第29个意甲联赛冠军。

当初,球队在成立时,创建人就强调,尤文图斯应是一支技术好、道德好的球队,要像德高望重的老妇人那样和蔼可亲、彬彬有礼。阿涅利家族接手尤文图斯队后,更强调球队的道德作风和高尚的行为规范,要像老妇人那样温文尔雅,坐要有坐相,一切都必须得体。后来,有人总结成四句话:球技要精、举止文明、行为规范、尊重裁判。直到今天,尤文图斯还保持着"老妇人"的风格。

"梦之队" 巴塞罗那

1979年5月16日,巴萨与杜塞尔多夫在决赛中相遇,这场史诗般的比赛一直踢到加时,巴萨4:3胜出夺得优胜者杯冠军。这是努涅斯担任主席期间的首个冠军头衔。

1982年马拉多纳加盟巴萨,但是因为肝炎和一连串伤病,马拉多纳在巴萨并没有取得预想中的成绩。

20世纪90年代的巴塞罗那仍然取得极佳成绩。1988年，努涅斯第三次当选西班牙巴塞罗那足球俱乐部主席，他请来了荷兰人克鲁伊夫执教球队，荷兰人做的第一件事就是对球队进行大清洗，然后他买来了巴克罗、贝吉里斯坦、尤西比奥和萨利纳斯等人，尽管该赛季球队仅排名西班牙甲级联赛第二，但是他们却拿到了欧洲优胜者杯的冠军。从1990—1991年赛季开始，巴塞罗那队开始腾飞，从这时到1993—1994年赛季，巴塞罗那在西甲联赛中取得四连冠，而且他们还在1992年夺得了球队历史上第一座欧冠奖杯。此时，球迷将这支克鲁伊夫执教的巴塞罗那队称之为梦之队。唯一美中不足之处，是球队在1994年欧冠决赛0∶4惨败于卡佩罗执教的AC米兰，无法再取得另一个欧冠冠军。

之后随着巴西人罗纳尔迪尼奥带领巴塞罗那队再次走向辉煌，故将克鲁伊夫执教时的萨队称之为梦一队，小罗时期的巴萨成为梦二队。后来瓜迪奥拉、路易斯恩里克带领的以梅西为核心的巴萨，已经三夺欧冠冠军，被称为梦三队。

"兵工厂" 阿森纳

阿森纳于1886年由一群在东南伦敦伍尔维奇地区的戴尔广场一家名为"皇家阿森纳"的武器制造所的工人所成立，初时按地区命名为"戴尔广场"。球队由苏格兰人大卫·丹斯金（David Danskin，球队第一个使用的足球为他所提供）和杰克·坎布尔（Jack Humble）为班主；队员中的前诺丁汉森林门将弗雷德·比尔兹利（Fred Beardsley）和摩里斯·巴特斯（Morris Bates）获前俱乐部赠送红色球衣，这便是阿森纳使用红色球衣的原因。戴尔广场的首场比赛于1886年12月11日举行，在恶犬岛（Isle of Dogs）的空地对东部流浪队（Eastern Wanderers），结果6∶0大胜。12月25日圣诞日，球队易名为"皇家阿森纳"（Royal Arsenal）。最初，球队在普林斯迪公地（Plumstead Common）比赛，但很快便更换了主场，先搬至普林斯迪（Plumstead）的体育人运动场（Sportsman Ground），1888年搬到附近的曼诺运动场（Manor Ground）。由于不满曼诺的差劣设施，俱乐部于1890年再搬至就近的恩域塔运动场（Invicta Ground），但是恩域塔的租金太贵，3年后便返回曼诺。

在这段期间，皇家阿森纳开始赢得一些本地的奖项，例如在1889—1990年赛季赢得的肯特高级杯（Kent Senior Cup）和伦敦慈善杯（London Charity Cup），1890—1991年赛季则赢得伦敦高级杯（London Senior Cup），在1889—1990年赛季中，球队更首度打进足总杯。可是，阿森纳的规模和英格兰北部球队的差距渐大，而阿森纳的业余球员面临被那些金钱挂帅的职业球队挖角。1891年足总杯，德比郡与阿森纳作赛后，便尝试以职业合约签入两名阿森纳球员。有见及此，皇家阿森纳在同年决定转型为职业俱乐部。同时，球队亦改名为伍尔维奇兵工厂（Woolwich Arsenal）。由于球队的起源与兵工厂以及枪炮武器有关，arsenal这个词就是兵工厂的意思。所以就将阿森纳称为"兵工厂"。

AC米兰"三剑客"时代

1987—1988年赛季，AC米兰在前10轮的比赛中3胜4平3负，仅积10分（当时实行2分制），欧洲联盟杯惨遭淘汰，古利特、安切洛蒂、加利、多纳多尼状态不佳，伤病不断。贝鲁斯科尼再也坐不住了，他把萨基召到了圣马蒂诺山庄，就在媒体一致认为萨基下课时，在征求巴雷西和加利亚尼的意见后，贝鲁斯科尼宣布萨基留任。但是他同时打起了马拉多纳的主意来，并秘密召见了马拉多纳，无孔不入的媒体爆出消

息，那不勒斯迅速大幅提高了马拉多纳的年薪，而且续约4年。

1987年度世界足球先生古利特在跨入1988年后大放异彩，1月3日对卫冕冠军那不勒斯的比赛中如有神助，在卡雷卡接马拉多纳妙传首开纪录后屡屡传出威胁球，组织米兰进行了疯狂的反击，居然连扳4球，大获全胜。从此以后，萨基的区域防守理论逐步在队中生根发芽开花，古利特和范巴斯滕珠联璧合，巴雷西领衔的后防固若金汤。

1988年5月1日客场挑战那不勒斯，巴雷西称之为"一场黑暗中的地狱决斗"的比赛中火药味十足，球王使出全身解数，2∶0领先，但辩帅更加神勇，带领米兰连扳3球，3∶2赢得了最重要的胜利，最终米兰领先那不勒斯3分，9年后再次登上冠军宝座（米兰的第11个联赛冠军）。

度过了一段阿贾克斯和租借到萨拉戈萨队的日子后，里杰卡尔德于1987—1988年赛季结束后正式加盟米兰，从而组成了威震四方的"荷兰三剑客"。

在1988—1989年赛季，米兰在萨基的带领下，"三剑客"神勇无比，巴雷西和马尔蒂尼的后防线密不透风，联赛中虽然最终获得季军，但是欧洲冠军杯一路高歌猛进，半决赛凭借古利特、里杰卡尔德、范巴斯滕、安切洛蒂和多纳多尼的5个进球横扫皇家马德里，令人胆战心惊，尔后的决赛同样使人不寒而栗。

1989年5月25日的西班牙巴塞罗那诺坎普球场，意大利的米兰球迷有大约8万人随队前往，对手是1986年欧洲冠军杯得主罗马尼亚的布加勒斯特星队，比赛仅仅进行了30分钟，罗马尼亚人就被完全打蒙了，古力特和范巴斯滕各梅开二度。4∶0干净利落地击败对手，时隔20年后再次夺取欧洲冠军杯（米兰第3个欧洲冠军杯）。这就是当时的AC米兰，这才是红黑颜色真正的内涵，真正的令人恐怖。

国际米兰的杰出贡献

百余年来，作为传统豪门，国际米兰为意大利国家队做出了杰出贡献。来自国际米兰的球员一直是国家队纵横世界足坛的重要力量。

1934年世界杯，意大利获得第一次世界杯冠军。这届国家队中有5名国际米兰队员，其中的朱塞佩·梅阿查更是该届世界杯最闪亮的一颗明星。

1938年，意大利夺取了他们第二座世界杯。梅阿查此时已是国家队的灵魂人物，他佩戴着队长袖标，率领球队卫冕成功。这支球队中有6名球员来自国际米兰。

1968年欧洲杯，意大利迄今唯一一座欧洲杯。刚开创了"大国际米兰时代"，来自国际米兰的球员理所当然成为这届国家队的中坚力量，该届杯赛最佳球员授予了意大利的队长——吉亚辛托·法切蒂，他也是国际米兰的队长。桑德拉·马佐拉则是国家队的中场核心。

1982年世界杯，意大利的第三座世界杯。国际米兰为球队贡献了5名球员，他们是阿尔托贝利、贝尔戈米、奥里亚利、博尔登和马里尼。决赛中阿尔托贝利的进球和贝尔戈米成功的防守给人留下了深刻印象，而奥里亚利是球队的主力后腰。

2006年的意大利队中虽然只有马特拉齐和格罗索两人来自国际米兰（格罗索当时已经正式加盟国际米兰），但他们两人都有着神奇的发挥，格罗索在半决赛对德国队的比赛中，打入一个完美的弧线球，让德国门将莱曼望球兴叹，从而绝杀德国队，帮助意大利队挺进决赛，而在决赛的点球大战中，又是格罗索打进第五个关键点球，使意大利队击败法国队，夺得第四座世界杯，成为2006年的足球世界杯冠军。而马特拉齐在决赛中也有关键表现，在这场决赛意大利0：1落后的情况下，马特拉齐力挽狂澜，打入扳回比分的关键一球。此外法国巨星齐达内头顶门事件，被红牌罚下，也与马特拉齐有直

接关系。总的来说，马特拉齐和格罗索这两位球员，对2006世界杯意大利夺冠起着不可或缺的关键作用。

值得一提的是，吉亚辛托·法切蒂曾长期保持为国家队出场次数的纪录，迄今也只有法比奥·卡纳瓦罗、布冯、迪诺·佐夫、保罗·马尔蒂尼四人打破这一纪录，但法切蒂以国家队队长身份出战的纪录至今都无人超越。

"蝙蝠军团" 巴伦西亚

蝙蝠军团是巴伦西亚足球俱乐部（Valencia Club de Fútbol）的昵称，该队是西班牙足球甲级联赛的足球俱乐部之一。1919年创立，位于西班牙的第三大城市巴伦西亚。巴伦西亚是一支有着悠久历史的老牌球队，会员人数为西班牙第三多。早期球队因身穿白上衣和白短裤，故西班牙有"白幽灵"之称。巴伦西亚同城死敌有莱万特，大区死敌维拉里尔。巴伦西亚素以风格平稳见称，其特点为快速攻守转换，高效防守反击。

1919年，在图利亚河首府中心的一间名为TORINO的酒吧里，一群人把建立一支足球队的构思付诸行动了。巴伦西亚足球俱乐部由此孕育而生，她以另一种方式远播故乡的美名，而"蝙蝠军团"则得名于13世纪成千上万只蝙蝠对于巴伦西亚第一位征服者的庇护。

这支足球队第一任主席的推举，居然由一枚硬币来决定，Octavio Augusto Milego Díaz及Gonzalo Medina Pernás都有资格出任主席，他们决定抛一枚硬币，以落地后的正反面来决定主席职位的谁属。最后 Octavio Augusto Milego Díaz幸运地胜出。但他们还像以前一样，没有倾轧与妒忌，肩并肩地在一起工作，承担起这所新俱乐部事业发展的重任。巴伦西亚就是这样诞生的。

毫无疑问，当时的巴伦西亚是支伟大的队伍，至少在当时被称为世界上最好的球队之一，拥有Ignacio Eizaguirre作为门将，由两个非常了解对方的后卫Aacute Lvaro和Juan Ramón来负责中路防守，还有一条由两个巴伦西亚人和三个巴斯克人组成的"闪电锋线"。这支队伍为俱乐部夺得了第一个全国锦标，即1941年的西班牙国王杯。这是这支无敌之师开始其20年辉煌历史的第一个战利品，你可以想象在图利亚河首府的庆祝活动有多么盛大。赢得奖杯，联赛排名第三，拥有数名国际级球员，这使得巴伦西亚在西班牙迅速跻身"大俱乐部"行列。

"大黄蜂"多特蒙德

德甲劲旅多特蒙德因其主场球衣是黄色的主色调加上黑色条纹，所以被球迷亲切地称为"大黄蜂"。2008年，在今天被看作是大黄蜂重生的纪元年。2008年夏天，新的营运团队进驻，也带来了节省支出、增加商业活动的新理念。在经历了多尔带队的失败后，董事明白，他们真正需要的是一位能不断激励球队及球迷，一位能让俱乐部恢复往日声望的帅才。

他们选择了尤尔根·克洛普，一位刚刚带领美因茨历史性地冲入德甲并广受外界褒奖的少帅。他手下球队华丽而又不失严谨的球风得到了德国足球界的诸多夸赞。带着要重现多特蒙德昔日辉煌的承诺，克洛普得到了最初的两年合同。克洛普心中自然明白，要想在多特有所作为，他必须运用一套不会让俱乐部再陷债务泥潭的运营体系。

正因如此，克洛普把更多的目光投向了青训，并开始重用球队青训球员。每一笔引援都必须是不需花费重金的年轻球员。克洛普的目标是培养一群如狼似虎、野心勃勃的年轻人，而随着年轻人的逐渐成熟，他们的身价也会上升，走持续增长又可持续发展的青训模式。

　　2010—2011年赛季，在克洛普的带领下，青春风暴多特蒙德以令人赏心悦目的打法和稳固的后防赢得德甲冠军，宣告大黄蜂正式从破产危机中走出，浴火重生，时隔9年重回巅峰。

　　多特蒙德的健康发展也在市场上得到了认同，俱乐部的股价升至3.55欧元，而2012年同期的股价只有2.64欧元。新赛季多特蒙德给球队制定的工资预算为6500万欧元，在转会市场上，多特蒙德也已经投入了超过5000万欧元，会赚钱也要会花钱，多特蒙德深知这个道理，在球队刚刚起步时也许可以花小钱办大事，但是随着球队的发展，面对赛场上欧洲顶级豪门的竞争，高投入、高产出是多特蒙德必须迈进的一步，当然俱乐部CEO瓦茨克也多次表示："球队会遵循稳定发展的原则，我们绝不会为了竞技上的成功再走上负债的道路，花的钱必须和赚的钱相匹配。"

"紫百合"佛罗伦萨

　　佛罗伦萨足球俱乐部（Associazione Calcio Fiorentina），是一间位于意大利托斯卡纳区佛罗伦斯市的足球会，1926年8月26日由Libertas及佛罗伦萨体育俱乐部（Club Sportivo Firenze）合并成立佛罗伦萨，首个球会锦标来自1939—1940年的意大利杯冠军，1956年中止AC米兰、国际米兰及尤文图斯合共连续六年联赛冠军的纪录，并以12胜5败和主场不败战绩首次登上联赛宝座，但其后AC米兰及尤文图斯表现优异令佛罗伦萨连续四季只取得亚军成绩。翌年晋身第二届欧洲联赛冠军杯决赛，但是败给当时如日中天的皇家马德里。

　　1960—1961年赛季首先获得第二个意大利杯奖杯，其后杀入欧洲冠军杯决赛并击败苏格兰格拉斯哥流浪者，夺得球会首个欧洲赛事锦标，翌年再次晋身决赛，但不敌马德里体育会卫冕失败。60年代中后期继续保持气势先夺得米特罗帕杯（Mitropa Cup），然后1968—1969年赛季历史上第二次夺得联赛冠军。80年代末佛罗伦萨开始衰落，1992—1993年赛季因为对赛成绩不敌布雷西亚乐部及乌甸尼斯，屈居于第十六名而降班，但经由一年的努力以乙组联赛冠军身份重返顶级联赛。随着阿根廷前锋巴蒂斯图塔的加盟，佛罗伦萨在20世纪末打造出意甲一支劲旅，曾经两度夺得意大利杯桂冠，而巴蒂斯图塔亦一度成为佛罗伦萨的象征。

2002年因财赤宣布破产，被意大利赛会判罚降班。之后得到鞋业商人德拉瓦莱（Diego Della Valle）的支持组成新球队 Florentia Viola，并于意大利丙二组联赛开始比赛。2003年夏天，德拉瓦莱买回"Fiorentina"这个名称，并再次以佛罗伦萨的名称参加比赛。2004年在升级附加赛中击败佩鲁贾得以重返甲组联赛。球队成立初时选用红色和白色为球队颜色，但之后改为紫色和白色。其会徽上有一对百合花，故佛罗伦萨又有紫百合之别称。

第四节　具有历史积淀的足球场

你知道拜仁慕尼黑的主场吗？

说到德国足球队，你一定知道不少关于他们的故事，一起来分享下吧。

拜仁慕尼黑的主场是安联球场。安联球场于2005年5月31日建成并开始投入使用，建场后不到一年的时间这里就举行了一场盛大的演出，那就是2006年德国世界杯开幕式。安联球场还是目前欧洲最现代化的球场。 当球场有拜仁慕尼黑队主场比赛时，会吸引来自世界各地的球迷朋友来观看，这时球场能容纳的观众数量是66000名，同时体育场在现代技术照明系统的映射下成为一个很大的红色发光体，炫彩夺目，即使你是在几英里外也可以看到它。这么漂亮的外观一定有很好的内部设施吧？你答对了，在球场的内部

Allianz ⊕ Arena

为广大的球迷朋友提供了各种休闲娱乐设施。餐饮服务、托儿所、名人堂、球迷商店等设施一应俱全，为球迷提供服务的所有区域共计约6500平方米。除此之外还有一些办公室和会议室。安联体育场交通方便，临近A9公路，并有欧洲最大的地下停车场，它可以容纳的车位量是10000个车位。它不同寻常的表面由2874个菱形膜结构构成，更加神奇的是这个膜结构具有自清洁、防火、防水以及隔热性能，每个膜结构都可以在夜间被照成红、蓝、白三色，分别对应于拜仁、慕尼黑1860以及德国国家队的队服颜色。

什么是"梦剧场"？

每一个足球队都有自己的一个主场。老特拉福德（Old Trafford）是英超球队曼联的主场，位于英格兰大曼彻斯特郡的一个全座位足球体育场。场内拥有75957个座位，是仅次于温布利球场的英格兰第二大的足球场。它还有另外一个响亮的昵称——"梦剧场"（The Theatre of Dreams），这个好听的名字是一个曼联名宿博比·查尔顿取的，也是最先这样称呼老特拉福

德的。为什么要这么称呼呢？因为在这个上百年历史的球场里，上演过数不清的经典比赛，世界最好的球员和最好的球队都曾在这里献艺。所以他认为这是一个筑梦的球场，也是一个能实现梦想的地方。梦剧场自1910年起作为曼联的主场球场，老特拉福德球场亦是全英国第三大及全欧洲第十一大的球场。也是全英格兰三个欧洲足联五星级足球场之一，因此可以承办欧洲冠军联赛及欧洲足球锦标赛的决赛。在1939年，这个球场创造了最高入场人数，但比赛却有趣地不是由曼联作赛，而是由甘士比对战伍尔弗汉普顿流浪的一场英格兰足总杯半决赛，观看这场赛事的观众入场量总共有76962名。

为什么说皇家马德里主场是个家喻户晓的球场？

皇家马德里是西班牙的球队，而皇家马德里的主场，是家喻户晓的圣地亚哥·伯纳乌球场，为什么说这是一个家喻户晓的球场呢？因为在伯纳乌球场有着神奇的故事，使得球场主人皇家马德里队的辉煌史能够顺理成章，伯纳乌球场2000年还被国际足联评为世纪最佳俱乐部球场。我们熟悉的足球巨星诸如斯蒂法诺、普斯卡斯、罗纳尔多、劳尔、齐达内和C罗等永远的球场

巨星，都在伯纳乌这片神圣的、带有著名的白色条纹的草场上驰骋过。正是因为有了这么多的球场巨星，使得伯纳乌球场名扬四海。

球场如今位于西班牙首都马德里繁华的金融区的中心，当初建造球场时这里还是一片郊区。当时许多人都认为12万人的容量简直是疯了，但是很快建造者的赌注就实现了价值。成为了皇马百年历史上的传奇！在这里，有一个人是绝对功不可没的，他以他的信念和远见卓识，成功领导并完成了这项浩大的工程，他是皇家马德里的标志人物：圣地亚哥·伯纳乌，这座体育场也因他得名。1947年12月14日，随着皇家马德里与葡萄牙贝莱嫩斯俱乐部的揭幕战，伯纳乌体育场举行了正式落成典礼，它是当时世界上最好和最现代化的体育场。而在这里观看足球比赛的球迷也被称为"最幸福"的球迷，因为在这个神奇的球场里不仅仅有世界级的足球巨星，还有世界级的各项足球赛事。如1957年由皇马夺冠的第二届欧洲杯决赛；欧洲杯选拔赛决赛阶段的比赛；1972年的球场25周年的纪念赛；皇家马德里俱乐部75周年的纪念庆典；1982年的西班牙举办的世界锦标赛决赛，同年教皇约翰·保罗二世与西班牙青年的聚会。除此之外，伯纳乌体育场还曾主办过数次西班牙杯的决赛。

"糖果盒"是可以装绚丽糖果的吗？

在静谧的拉普拉塔河边，坐落着一座外形酷似糖果盒的足球场，这就是赫赫有名的阿根廷博卡青年队的主球场——糖果盒球场。

在阿根廷足坛，河床队是出了名的内战专家，他们是阿根廷甲级联赛中夺冠次数最多的球队。然而博卡青年在国际比赛中总能捍卫阿根廷足球的尊严，他们夺取南美解放者杯、丰田杯冠军的次数远多于同城死敌河床。

如果说河床队是中产阶级、富人的球队，那么博卡青年就是寄托平民梦想的球队。众多博卡球星都从贫民窟走出，如球王马拉多纳、为两根香肠与人在街头赌赛球技的特维斯。正是由于这样的背景，糖果盒球场才能被博卡球迷视为胜地，在有比赛的日子里，疯狂的博卡球迷会发出歇斯底里的呐喊助威声，这种糖果盒式的设计让球场的现场感摄人心魄。 而糖果盒球场外的博卡星光大道，则是俱乐部悠久历史的直接见证。

世界第二大体育场在哪里？

位于西班牙的诺坎普球场是西班牙巴塞罗那足球队的主场。诺坎普体育场（Camp Nou）位于西班牙巴塞罗那市内，是整个欧洲大陆最大的体育场，也是世界第二大体育场，仅次于具有传奇色彩的巴西的马拉卡纳（Maracana）体育场。诺坎普球场由建筑师弗朗西斯·米特扬斯·米罗和约瑟普·索特拉斯·马乌里设计，由洛伦佐·加西亚·巴尔班合作设计，于1955年至1957年之间建造，主要采用混凝土和钢铁结构。建立初期，体育场官方名称为"Estadi del FC Barcelona"（英文为"FC Barcelona Stadium"，即"巴塞罗那足球俱乐部体育场"），但是很快这座球场被人们以"Camp Nou"相称。从此这一名字正式成为其官方名称。整个球场可以容纳观众93053名，球场面积为7704平方米，球场高度48米，占地面积55000平方米，250米长，220米宽。在1998—1999年赛季，欧足联承认了诺坎普的无与伦比的华丽，给了它5星的评价。

在这个世界第二大的体育场上也拥有很多大家都历历在目的精彩赛事，例如：1964年城市博览杯决赛（萨拉戈萨2∶1巴伦西亚）；1964年欧洲国家杯准决赛（苏联3∶0丹麦），季军战（匈牙利3∶0丹麦）；1972年欧洲杯赛冠军杯决赛（格拉斯哥流浪者3∶2莫斯科戴拿模）；1982年欧洲杯赛冠军杯决赛（巴塞罗那2∶1标准列治）；1982年世界杯揭幕战（比利时1∶0阿根廷）；1982年世界杯共进行过5场赛事；1989年欧洲冠军球会决赛（AC米兰4∶0布格勒斯特星）；1992年奥运足球决赛（西班牙3∶2波兰）；1999年欧洲联赛冠军杯决赛（曼联2∶1拜仁慕尼黑）。精彩还在不断继续，希望有一天你也能在这个球场上自由奔跑。

第五篇

竞技文化
jingjiwenhua

　　欢迎来到世界足球的殿堂，本章将带领大家走遍南北极之外的地球各大洲，逐一认识每个足球协会和在国际上影响巨大的综合性体育组织。足球也是这些体育组织中的一员，因为足球的加入，这些组织的影响力也更为强大。

　　"没有规矩，不成方圆。"我们还可以了解到一些基本的足球比赛规则和常见的计分方式，其中恒大足球学校的校内联赛计分方式淡化了比赛成绩，使不同水平的队员都能在比赛中找到自己的快乐。我们还会学习到球迷文化和球场礼仪知识，因为对一个人来说，礼仪是其思想道德水平、文化修养和交际能力的外在表现；对一个社会来说，礼仪则是一个国家社会文明程度、道德风尚和生活习惯的反映，而球场上的礼仪也是长期形成的，我们将会看到一些球场上基本的礼仪。此外，球场上更不可缺少的还有可爱的球迷，不同地域的球迷也都有各自的风采，其中一些球迷的故事更是传为佳话。

第一节　世界足球大家庭

国际足联

足球被称为世界第一运动，如果说世界各国的足球运动是一个大家庭的话，那么国际足联毫无疑问是这个大家庭的家长。1904年5月21日，在法国巴黎的体育运动联合会总部，由7个不同国家的代表在有关文件上签字，国际足联（FIFA）正式宣告成立。5月23日，法国人罗伯特·格林（Robert Guerin）当选第一任国际足联主席。经历了第一次世界大战的血雨后，1932年人们选中了中立国家瑞士作为总部所在地。

国际足联并不是一个政府官方的组织，只是一个掌管全球足球竞技运动的民间联盟。会员足协现在已达209个。国际足联的权威在于，它发布的决议指示各个会员足球协会都得遵守执行，否则一旦被处罚，这些足协的足球运动员就失去了与其他国家足球运动员进行比赛的资格。国家不论大小，在国际足联都只有1票表决权。每两年举行1届的国际足联全体会员足协代表大会，是国际足联的最高权力机构，任何对《国际足联章程》和《国际足联规章》的改动，都需要会员代表大会的四分之三多数票才能通过。每届国际足联会员大会各国足球协会可派3位代表参加，3人分别为代表、副代表、翻译。随着现代足球运动的普及和发展，各国相继成立了自己的足协，经历百年的发展，如今国际足联已经成为了最具影响力的国际单项体育组织。

欧足联

欧洲足球协会联盟（Union of European Football Association，UEFA），简称"欧足联"，是欧洲足球最高管理机构。欧洲足联于1954年6月15日在瑞士巴塞尔成立，成立时总部设于法国巴黎，1959年移往瑞士伯尔尼。埃贝·施瓦泽（Ebbe Schwartz）成为第一任欧洲足联主席，而欧洲足球锦标赛创办人昂利·德劳内（Henri Delaunay）则为总书记。1995年总部移至瑞士尼翁。成立之初只有25个成员协会，目前欧洲足联已有54个成员协会。

目前欧足联举办有欧洲最主要的两大俱乐部赛事：欧洲冠军联赛以及欧洲足联杯。欧洲冠军联赛前身是1955年所创的欧洲冠军俱乐部杯（或称欧洲杯），1992年改为今名，由各国联赛冠军以及各顶尖联赛前几名参赛；欧洲足联杯前身是成立于1955年的城市公平杯，由各国联赛除去冠军联赛资格队伍外，成绩优秀的俱乐部及杯赛冠军参加。在欧足联的经营下，参加两大杯赛已成为各俱乐部向往的目标，尤其是冠军联赛资格，更是众家豪门俱乐部奋力争取的目标。

欧洲超级杯成立于1973年，由上年度的冠军联赛冠军及欧洲足联杯冠军于每年8月底于摩纳哥路易二世体育场对决。

欧洲足联国际托托杯成立于1995年，是夏季比赛，由未能取得欧洲足联杯资格的俱乐部参加，以取得下赛季进军欧洲足联杯的资格。此赛事于2008年赛季后与欧足联欧洲联赛预赛阶段合并后废止。

除此之外，欧足联还成立了欧洲区域杯，由半职业及业余球队参加，以及欧洲女子杯，由女子俱乐部参加。另有为室内足球俱乐部举办的欧洲室内足球杯。

亚足联

总部设在马来西亚吉隆坡的亚洲足球联合会（AFC）于1954年成立，简称"亚足联"，是负责管理亚洲地区足球事务的体育组织，现有46个会员协会和1个准会员协会（北马里亚纳群岛足协）。亚足联的宗旨是：促进亚洲足球运动的开展；增进亚洲足球之间的友谊；按国际足球联合会的规定、规则，组织亚洲地区的足球比赛。现任亚足联主席为巴林人萨尔曼。

亚足联每年举办大型的足球赛事，人们熟悉的有亚洲杯及2003年改制的亚洲冠军联赛，前者是亚洲最高级别的国家队赛事，始于1956年；后者是亚洲最高级别的俱乐部赛事，改制后的亚冠赛制与欧洲冠军联赛无异，之前由亚俱杯（Asian Champions Cup）及优胜者杯（Asian Cup Winners Cup）合并而成。

2004年亚足联推出名为"亚洲展望"（Vision Asia）的足球计划，目的是统一亚洲地区的足球运动水平，包括管理及运动科学，同等级别的国家安排在同一级别比赛。首先推行的是改革亚冠联赛，将14个实力最强的亚洲国家，称为"发达国家"，所属俱乐部可以参加亚冠；随后的14个亚洲国家，称为"发展中国家"，所属俱乐部则可以参加亚足联杯；最后足球发展相对落后的国家称为"欠发达国家"，他们的下属俱乐部参加亚足联主席杯。

亚足联内部大致可分为两大军团——东亚及西亚，东亚包括有中国、日本及韩国等，而西亚则有伊朗、沙特阿拉伯及伊拉克等。2006年，原属大洋洲足球联合会的澳大利亚加入亚足联，被划分到东南亚足协。

南美足联

南美洲足球联合会，简称"南美足联"，是负责管理南美洲各项足球事务的体育机构。成立于1916年7月9日，总部位于巴拉圭卢克，目前南美洲足球联合会也是六大洲足协中平均素质最佳的，所有会员国中除了委内瑞拉外，其余国家均曾经打进世界杯足球赛决赛阶段。南美足联参赛国家有巴西、阿根廷、乌拉圭、巴拉圭、哥伦比亚、厄瓜多尔、秘鲁、智利、玻利维亚、委内瑞拉。美洲杯是一项由南美足协成员国参加的最重要国家级足球赛事，赛事前身为南美足球锦标赛，亦是全世界历史最悠久的国家级足球赛事。其中巴西和阿根廷是南美洲历史的强队，这两队涌现的球星是最多的，巴西队的巨星有球王贝利、白贝利济科、独狼罗马里奥、外星人罗纳尔多、传奇巨星里瓦尔多、足球场上的精灵罗纳尔迪尼奥、足球王子卡卡和内马尔等等。阿根廷队有马拉多纳、布鲁查加、肯佩斯、迪斯蒂法诺、卡尼吉亚、巴蒂斯图塔、雷东多、西蒙尼、里克尔梅和梅西等。

非洲足协

非洲足球联合会，也称之为非洲足球协会，简称"非洲足协"，是负责管理非洲地区足球事务，举办各项赛事，包括两年一度的非洲国家杯以及世界杯非洲区外围赛。

非洲足协创立时间1957年，主要组织非洲国家杯、非洲青年足球锦标赛、非洲国家足球锦标

赛、非洲女子足球锦标赛、非洲19岁以下足球锦标赛，与此同时还有非洲联赛冠军杯、非洲超级杯、联盟杯。

非洲足球联合会一共有53个非洲国家及地区成员国，他们分别是：阿尔及利亚、突尼斯、利比亚、埃及、摩洛哥、苏丹、南苏丹、索马里、毛里塔尼亚、埃塞俄比亚、中非共和国、厄立特里亚、吉布提、毛里求斯、科摩罗、佛得角、马达加斯加、尼日尔、尼日利亚、喀麦隆、科特迪瓦、多哥、加纳、塞拉利昂、塞舌尔、纳米比亚、莫桑比克、博茨瓦纳、津巴布韦、安哥拉、莱索托、斯威士兰、南非、几内亚、几内亚比绍、赤道几内亚、刚果、刚果民主共和国、塞内加尔、坦桑尼亚、贝宁、布隆迪、布基纳法索、乍得、加蓬、冈比亚、肯尼亚、利比里亚、马拉维、马里、卢旺达、圣多美和普林西比、乌干达、赞比亚、桑给巴尔。

中北美洲及加勒比海足球协会

中北美洲及加勒比海足球协会（Confederation of North, Central American and Caribbean Association Football，简称CONCACAF）是洲际足球运动的管理机构，负责北美洲、中美洲及加勒比海地区的足球事务。有三个地理上归南美洲的国家/地区，包括独立国家圭亚那、苏里南及法国海外省的法属圭亚那同为成员之一。CONCACAF于1961年成立，是国际足联下设的六个地区性组织之一。其主要行政功能是为区内国家/地区及球会举办足球竞赛及安排世界杯外围赛。主办赛事主要有美洲金杯、美洲女子金杯、中美洲国家杯、中美联赛冠军杯、加勒比海杯、中北美洲及加勒比海联赛冠军杯。

大洋洲足协

大洋洲足球协会（Oceania Football Confederation，简称OFC），简称"大洋洲足协"，负责管理大洋洲区各项足球事务，并促进大洋洲的足球运动。它代表大洋洲所有的足球协会，亦是国际足联下设的六个地区性足球协会之一，协助国际足联通过外围赛挑选球队参与世界杯。大洋洲足协于1966年成立，是由澳洲足球总会、新西兰足球总会及斐济足球协会共同创办。1996年获国际足联同意成为其中之一的执行委员，同年重办大洋洲国家杯，所有足协成员国均可以参加赛事，制定赛事每隔两年举行。1999年再重办大洋洲球会冠军杯，冠军队伍可以参加世界俱乐部冠军杯。大洋洲足协有11个会员国：新西兰、巴布亚新几内亚、塔希提、新喀里多尼亚、萨摩亚、所罗门群岛、库克、美属萨摩亚、斐济、汤加、瓦努阿图。亚足联已于2006年3月23日正式通过决议，同意接纳澳大利亚足协加入亚足联。

国际奥委会

1894年6月23日，国际奥委会在巴黎召开的国际体育代表大会上成立。发起人是法国的教育家皮埃尔·顾拜旦男爵。

国际奥委会是奥林匹克运动的领导机构，是一个不以营利为目的、具有法律地位和永久继承权的法人团

体。根据现代奥林匹克运动创始人顾拜旦恢复奥林匹克运动的目的，在于增强各国运动员之间的友谊与团结，促进世界和平以及各国人民之间的相互了解，发展世界体育运动。《奥林匹克宪章》明文规定国际奥委会的宗旨是：鼓励组织和发展体育运动和组织竞赛，在奥林匹克理想指导下鼓舞和领导体育运动，从而促进和加强各国运动员之间的友谊，迄今已有近百年历史的国际奥委会为之做出了积极努力和重大贡献。

国际单项体育联合会

国际单项体育联合会是世界范围内管辖一项和几项运动项目，并接纳若干管辖这些项目的国家级团体的国际性的、非官方的组织。国际的意思是这个机构是面向全部国家，它的范围比较广，影响当然就会比较大了。单项的意思是指某一种运动项目，如足球、篮球和羽毛球等独立的项目组合而成的联合会。

国际单项体育联合会相继问世，使各运动项目有了统一的国际领导核心，正是这些团体制订了得到国际公认的比赛规则，使该运动项目真正走向了国际化。

世界第一个足球协会

英格兰足球协会诞生于1863年10月26日，是英国人在伦敦皇后大街弗里马森旅馆成立的世界第一个足球协会，标志着足球运动的发展进入了一个崭新阶段。因而，人们公认英格兰足球协会成立之日为现代足球的诞生日。

世界杯足球赛由国际足联的各个足球协会的代表队

参加，因此，认为世界杯就是国家与国家之间的比赛是不够准确的，它实际上是协会与协会之间的比赛，只不过多数国家都只有一个足球协会，正是因为这个原因，英国的英格兰、苏格兰、北爱尔兰和威尔士有四个足球协会都是国际足联的成员，他们都有权利参加世界杯。1998年的揭幕战就是苏格兰对垒巴西。

现在你明白了吗？英格兰队仅仅是四支英国球队中的一支。现在英国国旗的图案是将原英格兰、原苏格兰和原爱尔兰三面国旗上的图案重叠在一起组成的。原英格兰的国旗白底红十字旗，是英格兰守护神圣乔治的标志。苏格兰是交叉十字旗，威尔士是条红龙。英格兰、苏格兰、威尔士和北爱尔兰是分别作为独立的足协在国际足联注册，它们有各自的队旗，是分别代表各自地区参赛的。1946年，"世界杯之父"儒勒斯·雷米特争取到了英伦三岛四个足协加入FIFA，作为现代足球的发源地，这四个足协至今仍拥有独立参加世界杯的资格。

中国足球协会

中国足球协会诞生于1955年1月3日，成立于北京，首届主席由黄中担任。中国足协的成立，标志着世界人口第一大国的足球发展进入到一个新的阶段。成立至今，中国足协对中国足球的发展产生巨大的影响，对比足球发达国家的足球发展史来看，中国足球正处于一个迅速成长期。

你知道带领中国足球第一次晋军世界杯决赛圈的教练是谁吗？

作为足坛神奇教练，他在带领中国国家足球队夺取2002年韩日世界杯决赛圈出线权之前，曾先后在几个足球弱国担任国家队主教练。从1986年以来，连续带领4支国家队杀入世界杯决赛圈的第二轮，充满了传奇色彩。他

就是把快乐足球理念带入中国的博拉·米卢蒂诺维奇，而中国球迷喜欢叫他米卢。博拉·米卢蒂诺维奇也喜欢中国球迷这样叫他。所以当你看见这个传奇教练时，请大声地叫他米卢。

第二节　足球比赛规则

比赛场地

　　足球是世界上最受欢迎的运动之一，虽然很多人都喜欢看球赛，但真正了解足球场地的观众并不多，下面就让我们一起认识一下足球场吧。

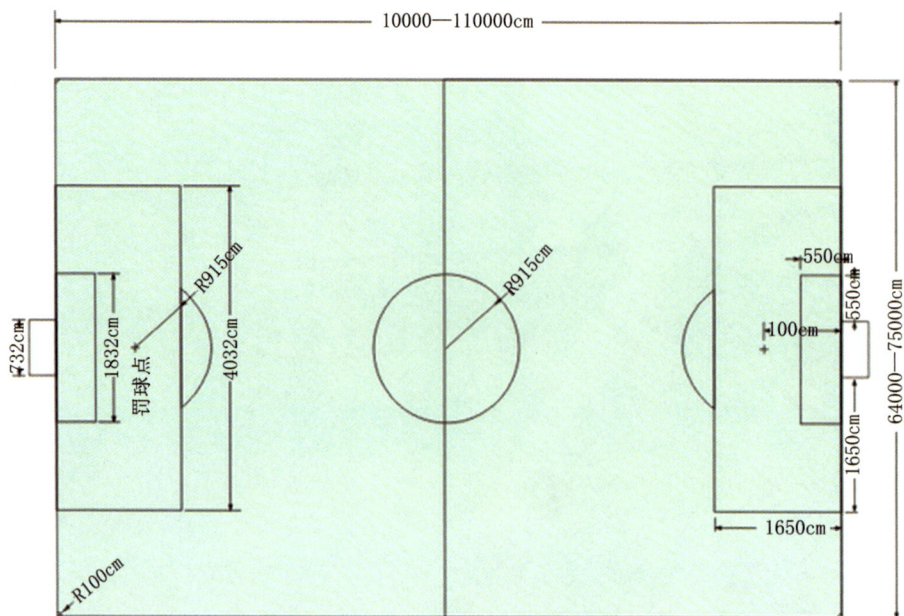

11人制足球场

足球场是长方形的，长度一般在90—120米之间，宽度在45—90米之间（国际正规比赛的足球场是100—110米之间，宽度在64—75米之间）。在任何情况下，长度必须超过宽度。

比赛场地所有线宽不得超过12厘米，较长的两条叫边线，较短的叫球门线。场地中间画一条横穿球场的线，叫中线。场地中央以9.15米为半径的圆圈叫中圈。场地四周每个角以1米为半径，向场内各画一段四分之一的圆弧，这个弧内地区叫角球区，每个角各竖一面不低于1.5米高的边旗。

在比赛场地两端距球门柱内侧5.5米处的球门线上，向场内各画一条长5.5米与球门线垂直的线，一端与球门线相接，另一端画一条连接线与球门线平行，这三条线与球门线范围内的地区叫球门区。

比球门区大的长方形叫罚球区，在两球门线中点垂直向场内量11米处各做一个清晰的标记，叫罚球点，是用来罚点球用的。罚球区外的弧线叫罚球弧。

球门应设在每条球门线的中央，由两根相距7.32米、与两面角旗点相等距离、直立门柱与一根下沿离地面2.44米的水平横木连接组成，为确保安全，无论是固定球门或可移动球门都必须稳定地固定在场地上。门柱及横木的宽度与厚度，均应对称相等，不得超过12厘米。球网附加在球门后面的门柱及横木和地上。球网应适当撑起，使守门员有充分活动的空间。

比赛人数

一场比赛应有两队参加，每队上场队员不得多于11名，其中必须有一名守门员。如果任何一队少于7人，则比赛不能开始。

最早的现代足球没有这么多人，大概7人。足球场地长100米、宽50米，7名球员分布场中，球员活动过激。在19世纪早期的英国伦敦，牛津和剑桥之间进行比赛，他们组织起来，并制定了一项规则，即剑桥规则，当时每队有11个人进行比赛。因为当时在学校里每套宿舍住有10个学生和1个教师，因此他们就每方11人进行宿舍与宿舍之间的比赛，现在的11人足球比赛就是

从那时开始的。

　　在足球史上具有里程碑意义时间是1863年10月26日，11家英格兰俱乐部创建了世界上第一家足球协会——英国足球总会，并统一了足球规则，人们称这一天为现代足球的诞生日。也正是从这一天开始，两队参加足球比赛的人数被确定为11人。到了1904年5月21日，国际足联在巴黎宣告成立，比赛中采用了英格兰足协制定的规则。于是，现行规则中规定，比赛分两队参加，每队不得多于11人，其中必须有1名守门员。可以说，从现代足球诞生的那天起，我们就看到了现在的11人足球。

球员装备

　　现代足球装备包括踢球者穿着的服饰、球鞋、球袜、护腿板、护腕、守门员使用的手套等。

足球服饰包括上衣与短裤，必须由透气排汗、不伤害人体皮肤的材料做成，并且是有一定保护人体皮肤功效的带袖运动服。

足球鞋主要以大钉足球鞋为主，鞋底最少由6颗钉子构成，使用场地普遍在草地中，鞋面以人造革或真皮组成。

足球袜对保护小腿很重要，同时也是为了装护腿板，所以必须是长筒的。穿球袜使腿部的肌肉绷紧，发力更集中。在场上，两队队员的球袜颜色一般是不同的，所以球员可以更容易在混战时区分队友。另外便于裁判分清双方队员的腿，提高判罚准确度。

护腿板保护小腿（随着技术的发展，有些护腿板也可以保护脚踝），因此也被称为护胫板。由于足球比赛的高对抗性，球员被踢到小腿是很普通的事，护腿板可以分散对腿和鞋施加的力，起到保护球员的作用。另外，护腿板和腿之间的空隙可以起到缓冲的作用，防止骨折。

20世纪70年代，一种新的理念出现了，有网眼的手套似乎更管用，而以前有些守门员为了抓牢球，甚至还往手套上涂树脂。"以前我们没有制定特别的合同条款，手套也不是用什么特别工艺制造的，俱乐部只给我们钱，让我们自己去买。而一双手套几乎可用一个赛季。"一位法甲球队门将回忆。

足球裁判员

许多喜欢看足球比赛的朋友可能对足球比赛的规则都十分熟悉，当裁判哨声一响就知道裁判员会做出怎样的判罚，不过，若问你裁判做出各种判罚时的手势是怎样的，这可能会难倒很多人吧？这里就给大家介绍一下，足球比赛中裁判员经常使用的几种手势：

直接任意球：单臂侧平举，明确指示踢球方向。

间接任意球：单臂上举，掌心向前。此手势应持续到球踢出后，并被场上其他队员触及或成死球时为止。

球门球：单臂向前斜下举，指向执行球门球的球门区。

角球：单臂斜上举，指向执行角球的角球区。

罚球点球：单臂向前斜下举，明确指向执行罚球点球的罚球点。

示意继续比赛：队员犯规后，裁判员运用有利条款而不判罚时，应给以继续比赛的手势，双臂前举，手臂向前稍作连续挥动。

罚令队员出场和进行警告：对队员罚令出场或警告时，分别出示红、黄牌。使用红、黄牌时，应一手持牌直臂上举，面向被处分队员，有短暂时间的停顿，使场内外均能看清是对哪名队员进行处分。

Indirect free kick
间接任意球

Advantage
有利

Direct free kick
直接任意球

Caution
警告

Sending Off
罚令出场

交换队旗

　　国旗是国家的一种标志，是国家的象征，它通过一定的式样、色彩和图案反映一个国家政治特色和历史文化传统。那么足球队旗呢？它也是一个球队的象征，代表一个球队的精神和文化。那么，足球比赛开始时为什么要交换队旗呢？因为足球是一种文化，交换队旗是一种足球文化交流、足球素质交流、足球友谊交流、足球道德交流、足球礼仪交流、足球技能交流等。在足球比赛场上，大家会看见有球员受伤躺在地上，脸上显露痛苦的表情，而这个时候大家再把目光投向足球，在那一刻会有一个球员主动把球踢出界外，等受伤队员接受治疗后，比赛才恢复进行。这说明什么呢？说明足球道德、礼仪文化，有时是胜过一场比赛的胜利。所以未来的小球星们，希望你们在良好的成长环境下，深刻地去体会足球文化，你们会清楚地认识到，足球是一项智慧、道德、礼仪相融合的球类运动。

比赛时间

正式的国际足球比赛分为上、下两个半场，每半场45分钟，中间休息不得超过15分钟。伤停补时，足球比赛有时根据场上情况在比赛时间上需要补时，有时是一两分钟，最长时可达五六分钟，时间长短由裁判员决定。造成补时的原因主要有：一是处理场上受伤者，二是拖延时间，三是其他任何原因。

在伤停补时方面有两个例子比较经典。第一个历史上足球比赛补时时间最长的，是友谊赛利物浦来亚洲巡回赛和马来西亚的某支球队上半场补时高达20分钟，原因是客队想多看会红军的巨星们。赛后采访红军球员里瑟说这是他参加最长的伤停补时。第二个是在2002年世界杯上，意大利队在1/4决赛中被主裁判"黑"了，主裁判不但吹掉了一个球，而且还判给对手一个点球。当时执法那场比赛的裁判正是厄瓜多尔人莫雷诺。在2002年世界杯结束两个月之后，国际足联决定对厄瓜多尔的世界杯裁判莫雷诺进行调查，以证

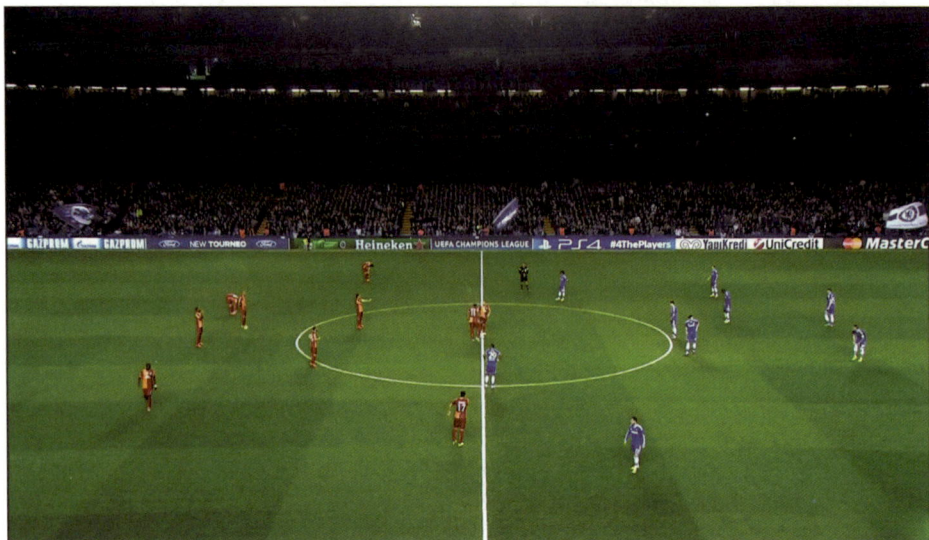

明他是否在世界杯和国内联赛的执法中徇私舞弊。在世界杯后，莫雷诺在一场厄瓜多尔国内联赛中严重违反裁判纪律，被厄瓜多尔足协处以停止执法20场比赛的处罚。在那场比赛中，莫雷诺在示意6分钟的伤停补时之后，竟然补时到12分钟，结果在补时的第9和第11分钟时进了2球，另外在那场比赛中他还出示红牌罚下了两名球员，将两个进球判为无效，他甚至在先确认为进球之后又改判为无效。

比赛开始

预备：通过掷币，猜中的队决定上半场比赛的进攻方向，另一队开球开始比赛；猜中的队在下半场开球开始比赛；下半场比赛两队交换比赛场地。

开球：开球是比赛开始的一种方式。主要用于在比赛开始时、在进球得分后、在下半场比赛开始时、在决胜期两个半场开始时。开球可以直接射门得分。

程序：所有队员在本方半场内，开球队的对方队员，应距球至少9.15米，直到比赛进行；球应放定在中心标记上；裁判员发出信号；当球被踢并向前移动时比赛即为进行；开球队员在球未经其他队员触及前不得再次触球。某队进球得分后，由另一队开球。

违规/判罚：如果开球队员在其他队员触球前再次触球，由对方队在犯规发生地点踢间接任意球。

在开球程序上的其他犯规：重新开球。

活球与定位球

足球是有生命的，在一场足球比赛中，它的运行过程就像活力无限的小生命，所以，我们称在运行中的足球为"活球"。而每当球出界或者裁判因为其他原因吹停比赛后再重新发出的球我们将其称为"定位球"，因为它是在指定的地点定点发出来的。

一般定位球有以下几种：比赛开始开球、直接任意球、间接任意球、角球、边线球、点球。一场比赛的纯比赛时间也就是活球时间一般在60分钟左右，在比赛当中占比很大，但是定位球也扮演着相当重要的角色。数据显示，由定位球进攻所取得的进球在足球比赛中占很大比重，定位球的战术演练也成为许多教练员在比赛前训练的重点内容，在运动战进攻乏力的情况下，定位球进攻战术被许多教练和球员当成是取胜的法宝。

所以，一支成熟的球队不仅能在活球时间取得进球，在定位球机会中也绝对不会让机会溜走。

主动给回球权

在足球场上，一方球员受伤倒地而导致比赛暂停的事情经常发生，而在比赛重新开始之后，对方也会主动交还球权——这不是规则，而是惯例，或者说是一种约定，一种足球场上的礼节。

2009年意乙联赛雷吉纳对阿斯科利的比赛中，雷吉纳球员巴尔德斯受伤后打算将球踢出边线，不知情的阿斯科利中场索梅塞断下球发动进攻并最终破门。雷吉纳方面提出抗议。阿斯科利队员了解事情原委后随即做出补偿，全队11人站立不动，任由对方将球打进。

足球场上关于主动给回球权争议很多，并不是每一场比赛都会有很友好地主动给回球权。

2012—2013年赛季欧冠小组赛第5轮，顿涅茨克矿工队客场5∶2击败丹麦球队北西兰，提前一轮晋级淘汰赛。然而矿工打进的第一个进球充满争议。比赛第26分钟，主队北西兰1∶0领先，该队球员诺斯特兰在一次进攻中受伤，主裁随即吹停比赛以使其得到治疗机会。稍后比赛重新开始，主裁坠球后矿工队得到球权，按惯例他们应该大脚将球开到对方半场，然后由对手重新组织进攻。不料矿工前锋阿德里亚诺在前场接到队友的大脚传球后，带球直杀对方禁区，北西兰球员完全没有意识到他要干什么，全部放弃防守站在原地，结果他们目瞪口呆地看着阿德里亚诺突入禁区推射空门得手。事情发生后，矿工队遭到全球舆论一致谴责，欧足联也立即宣布将进行调查。调查结果揭晓，欧足联纪律委员会认为阿德里亚诺违反了球场规范，对其处以禁赛一场并参加足球公益服务一天的处罚。

足球场上胜负固然重要，但一切应该是建立在公平公正的基础上。

充满争议的线

越位（Offside）是始创于1874年的足球运动规则。它对进攻方向前传球时接球运动员允许站的位置做出严格限制，即在进攻方传球球员起脚的瞬间，接球球员比倒数第二名防守球员距离球门更近，同时比球距离球门更近，并试图借此位置进球或干扰比赛，就会被判罚越位。另外需要注意的是，门球、角球和界外球没有越位。

意大利著名前锋菲利普·因扎吉就非常善于利用越位规则，他的技术归结起来就是"抢点"二字。大多数时候，他总是和对方的后卫站在同一条水平线上，在己方助攻球员传球的一瞬间，先于对方后卫判断出球的轨迹和落点，在第一时间快速启动，用简单甚至粗陋但十分实用的动作入球得分（除了脚和头，他常常用身体的其他部位入球）。当然，每时每刻都可以拿捏好启动的分寸是不可能的事情，所以他越位的次数远远大于他入球的次数。

犯规与不正当行为

足球比赛的对抗性强，允许进行一些合理的身体接触。在快速剧烈的比赛中，队员的非技术动作甚至严重的犯规动作时有发生，他们常与正常的技术动作混淆在一起。那么，如何正确地辨识出犯规与不正当行为呢？下面就让我们看一看什么样的情况将会被判罚为犯规或者不正当行为。

裁判员认为，如果队员草率地、鲁莽地或使用过分的力量违反下列11

种犯规中的任意一种，将判给对方踢直接任意球：踢或企图踢对方队员；绊摔或企图绊摔对方队员；跳向对方队员；冲撞对方队员；打或企图打对方队员；推对方队员；抢截对方队员；拉扯对方队员；向对方队员吐唾沫；故意手球（守门员在本方罚球区内除外）。

如果守门员在本方罚球区内违反下列4种犯规中的任意一种，将判给对方踢间接任意球：手控制球后在发出球之前持球超过6秒；在发出球之后未经其他队员触及，再次用手触球；用手触及同队队员故意踢给他的球；用手触及同队队员直接掷入的界外球。

裁判员认为，队员在出现下列情况时，也将判给对方踢间接任意球：以危险方式比赛；阻挡对方队员行进；阻挡对方守门员从其手中发球；违反以上这些未提及的任何其他犯规而停止比赛，或被警告或罚令出场。

为了比赛更加顺利地进行，为了足球运动更加健康的发展，运动员要时刻保持好冷静的头脑和心态，全身心地投入到这项运动中去。

红黄牌

红黄牌的起源与足球场上的一对"老冤家"英格兰队和阿根廷队有着密切的关系。在1966年的世界杯赛，英格兰队与阿根廷队的1/4决赛中，当时由于没有现行的红、黄牌制度，很多球员甚至不知道自己已经被裁判警告过了，于是动作仍然很大，间接导致了比赛几乎失控，粗野碰撞的场面比比皆是。经历了这场比赛的阿斯顿陷入了思考，偶然间他在十字路口遇到红绿灯时突发奇想，若是利用这醒目的红黄指示信号来约束警告那些严重犯规的足球球员会如何呢？

从此红黄牌就诞生了。它现在在比赛中起到非常重要的作用。它可以让球员将违反体育道德的行为控制住，因为一旦球员做出了触犯了红黄牌的任意一条规则，裁判员就会对这名球员进行处罚。黄牌是警告，红牌是直接罚

下。同一名队员在同一场比赛中取得两张黄牌将会变成一张红牌被罚下。

红黄牌对球赛的流畅性有了很有力的保证。同时也对队员的身体有了一定的保障。

球员换上与换下

在由国际足联、洲际联合会或国家协会主办的正式比赛中，每场比赛最多可以使用3名替补队员。所有比赛中，替补队员名单必须在比赛开始前交给裁判员，未被提名的替补队员不得参加比赛。

队员替补时必须遵守以下规定：

（1）替补前应先通知裁判员。

（2）替补队员在被替补队员离场，并得到裁判员信号后方可进入比赛场地。

（3）替补队员只能在比赛停止时从中线处进场。

（4）当替补队员进入比赛场地，即完成了替补程序。

（5）从那时起，替补队员成为场上队员，而被替补队员终止为场上队员。

（6）被替补下场的队员不得再次参加该场比赛。

（7）7．所有替补队员无论上场与否，裁判员均有权对其行使职权。

以下是关于球员在比赛中换上换下的几个例子：

（1）如果在赛前，一名队员在未通知裁判员的情况下被同队已提名的替补队员更换，替补该队员是否允许参赛？

答：可以，但这名替补队员由于未经裁判员允许上场比赛而被警告。

（2）一名被要求替换下场的队员拒绝下场，裁判员如何处理？

答：裁判员允许比赛继续。

（3）被替换下场的队员必须从中线处离场吗？

答：不是。

（4）队员可以故意离开比赛场地去补充液体饮料吗？

答：队员有权在比赛中断时补水，但仅限于在边线上。

人墙定位喷雾剂

以往的足球比赛中，为了给罚球者制造难度，组成人墙的防守队员往往不遵守最近9.15米的人墙距离要求，总是希望往前凑一凑，而此前人墙是否"达标"，全靠裁判的经验和眼力。

人墙定位喷雾剂是2008年根据体育记者帕布罗·席尔瓦的建议发明的。这个装备很小，可以挂在裁判的腰间而不影响其执法。有了这一神器，裁判们在地上画出一条白线，球员们都得乖乖站在线后面，绝对不敢越雷池半步，而这条线会在标记两分钟之内消失。该喷雾剂第一次在世界杯上使用是在2014年巴西世界杯，裁判西村雄一成了历史的缔造者，在巴西与克罗地亚的第42分钟，神器亮相了。当时内马尔尝试突破被放倒，西村雄一判罚了一个禁区前沿的定位

　　球，这个球的位置极佳，自然是攻防双方都很重视的。看到克罗地亚的人墙一直想要前移，西村雄一从腰间拿出人墙定位喷雾剂，一猫腰，横跨两步，一条白线出现在了克罗地亚球员面前，克罗地亚球员看到白线后也老实了许多，一个个乖乖地站在了白线内，不敢靠前一步。

　　有网友戏称，"人墙定位喷雾剂喷出的线，就像《西游记》里孙悟空为了保护唐僧安全用金箍棒画的圈，越线和出圈同样危险"！

门线悬案与足球场上的"鹰眼"

　　1966年世界杯决赛，加时赛中英格兰球员赫斯特点球点附近包抄打门，皮球击中横梁砸在门线弹地之后被德国队门将得到。主裁在与边裁商议后示意英格兰进球有效。英格兰最终4∶2战胜联邦德国夺冠。赫斯特的球到底进了没有，成为足球历史上的最大悬案。

　　最近几年门线悬案已经成了国际足坛挥之不去的阴影，2010年世界杯，兰帕德怒射打中德国队横梁弹入门线，慢镜头显示球已整体越线，裁判却未判进球有效，以至于英格兰最终含冤出局。英格兰足总杯的关键淘汰赛上以及意甲AC米兰与尤文图斯的争冠焦点战中，又有裁判难以判决的门线悬案发生，惹出连串滔天争议。2013年2月19日，国际足联正式宣布，在2013年联合会杯以及2014年巴西世界杯上将启用门线技术，这是国际足联在经过漫长的讨论与测试后，历史性决定将在世界杯引入高科技，向球场上的误判宣战。

门线技术又被大家形象地称为"鹰眼"，巴西世界杯所使用的"鹰眼"由德国一家名为Goal Control的公司开发，每套系统耗资10多万欧元。该系统利用14台高速摄像机向架设在球场顶部的数据间传送数码照片，经过对数据的分析再把结果传送到裁判所戴的特殊手表上，如果确定球过了门线，手表上就会显示"goal"（进球），整个过程用时不足一秒钟。

第三节　比赛成绩计算

记分规则

足球比赛的记分规则为胜一场得3分，平一场得1分，输一场得0分。

比如：一支足球队在某个赛季中共需比赛14场，现已经比赛输了1场，得17分，请问：

（1）前8场比赛中，这支球队共胜了多少场？

（2）这支球队打满14场比赛，最高能得多少分？

（3）通过对比赛情况的分析，这支球队打满14场比赛，得分不低于29分，就可以达到预期的目标。那么，在后面的6场比赛中，这支球队至少还要胜几场，才能达到预期目标？

（4）已知一个球队一共打了14场球，其中赢的场次比平的场次和输的场次都要少，那么这个球队最多赢了多少场？

全部写出计算过程：

（1）总积分=胜场积分+平场积分+负场积分。设这支球队胜了A场，则平（8-1-A）场，根据题意得3A+（8-1-A）=17，解得A=5，答案：前8场比赛中，这支球队共胜出了5场。

名次	球队	巴西	墨西哥	克罗地亚	喀麦隆	场次	胜	和	负	积分	净胜球
1	巴西		0:0	3:0	:	2	1	1	0	4	2
2	墨西哥	0:0		:	1:0	2	1	1	0	4	1
3	克罗地亚	1:3	:		4:0	2	1	0	1	3	2
4	喀麦隆		0:1	0:4		2	0	0	2	0	−5

（2）打满14场比赛最高能得17+（14-8）×3=35。剩余6场全赢，答案：继续打满14场比赛，最高能得35分。

（3）设这支球队至少还要胜B场，17+B×3≥29，得3B≥12。答案：至少还要胜4场。

（4）设这个球队一共打了14场球，其中赢得C场次，则平的场次和输的场次共（14-C），根据题意C＜（14-C），所以C＜7，最多赢6场。如果赢7场，则赢的场次＝平的场次和输的场次之和。答案：这个球队最多赢了6场。

世界杯赛制及成绩计算

世界杯赛程分为预选赛和决赛两个阶段。世界杯预选赛阶段分为六大赛区进行，分别是欧洲、南美洲、亚洲、非洲、北美洲和大洋洲赛区，每个赛区需要按照本赛区的实际情况制订预选赛规则，而各个已报名参加世界杯的

国际足联会员国（地区）代表队，则需要在所在赛区进行预选赛，争夺进入世界杯决赛阶段的名额。

国际足联规定，从2006年起，世界杯决赛阶段的名额是32个，决赛阶段主办国可以直接获得决赛阶段名额，除主办国外，其他名额由国际足联根据各个预选赛赛区的足球水平进行分配，不同的预选赛赛区会有不同数量的决赛名额。

世界杯决赛阶段的主办国必须是国际足联会员国（地区），而且会员国（地区）需要向国际足联提出申请（可以两个会员联合申请承办），然后通过全体国际足联会员国（地区）投票选出。

通过世界杯预选赛获得决赛阶段名额的国家代表队，加上主办国的代表队一共32支球队，将会到主办国进行决赛阶段的冠军争夺。决赛阶段32支球队，通过抽签分成8个小组，每个小组4支球队，进行分组积分赛，各个小组的前两名共16支球队将获得出线资格，进入复赛。进入复赛后，16支球队按照既定的规则确定赛程，不再抽签，然后进行单场淘汰赛，直至决出冠军。

中国男子国家队在2002年历史性第一次打入世界杯决赛圈。

欧洲杯赛制

欧洲足球锦标赛，也称欧洲杯，是一项由欧足联举办，欧洲足协成员国间参加的最高级别国家级足球赛事。1960年举行第一届，其后每四年举行一届，已举办15届。

从2016年开始，欧锦赛决赛阶段球队将增加至24支。新规则下的赛制是个什么样子呢？除去东道主法国外，23支晋级决赛圈阶段的球队被分为4档，该分档由欧足联国家队排名决定。第一档包括卫冕冠军西班牙，以及其余4支积分排名最高的球队，剩下二、三、四档分别有6支球队在内。东道主法国并不在分档之中，高卢雄鸡自动锁定A小组第一档球队的位置（即A1）。决赛阶段抽签已于2015年北京时间12月13日零点在巴黎举行，小组赛

则在2016年6月11日开战，一直持续到6月23日。

　　6个小组的头两名，以及成绩最好的4个小组将会晋级八分之一淘汰赛。如果小组内有球队的积分相同，将按照以下顺序决定出线球队：胜负关系＞净胜球＞进球＞公平竞赛得分＞欧足联排名。最为特殊的情况是，如果两支积分、得失球均相同的球队，在小组赛最后一轮相遇，当两支球队仍然不能分出结果时，将会进行点球决胜来决定晋级球队。在比较不同小组间第三名的排位时，将按照以下顺序决定出线球队：积分＞净胜球＞进球＞公平竞赛得分＞欧足联排名。16支小组出线的球队将会分成8对，进行八分之一决赛的较量，8支晋级的球队将会捉对厮杀，角逐半决赛的名额，4支晋级的球队将会捉对厮杀，角逐决赛的名额，直至产生冠军。

欧冠赛制及成绩计算

　　欧冠联赛包含以下赛程：三轮资格赛、一轮附加赛、小组赛以及四轮淘汰赛。在三轮资格赛以及附加赛阶段，球队将与对手在主客场分别打一场比赛，而进球数更多的那支球队会获得晋级下一轮的资格。如果2支球队进球数相同，那么客场进球多的球队将晋级。小组赛共有10支球队从附加赛晋级到小组赛阶段，其中5支来自于联赛水平较高的国家，另外5支则是其他国家的联赛冠军。这10支球队将与其他直接晋级的22支球队一起参与小组赛。这些球队将被分成8个小组，每组4支球队。在9月到12月之间，每支球队都将与小组里的另外三个对手分别进行主客两场比赛，最后取小组成绩头两名晋级淘汰赛阶段。而每个小组的第三名将直接晋级欧冠联赛32强。淘汰赛阶段从16强直到半决赛，每支球队都将参与主客两场比赛，晋级规则与资格赛和附加赛阶段相同。在16强阶段，各小组的冠军和亚军不会相遇，而且来自同一个国家的球队也不会进行厮杀，不过在进入1/4决赛后，这项规定不再有效。决赛采用一场定胜负的赛制，90分钟未分胜负的，进入30分钟加时赛，仍未分出胜负的，点球决胜。

亚冠赛制及成绩计算

亚足联冠军联赛（AFC Champions League），又称亚洲足球俱乐部冠军联赛，是由亚足联每年举行的亚洲足球俱乐部竞赛，参赛球队来自亚足联属下排名前11名的联赛。另由于澳大利亚足球协会在2006年加入亚足联成为其成员国，因此澳大利亚A联赛球队也获资格参加亚冠比赛。亚冠联赛是亚洲最高等级的足球俱乐部赛事，相当于欧洲的欧洲冠军联赛及南美洲的南美解放者杯，高于亚足联杯和亚足联主席杯，获得冠军的球队将代表亚洲参加当年12月举行的国际足联世界俱乐部杯（FIFA Club World Cup）。亚冠联赛是由亚洲俱乐部锦标赛、亚洲杯赛冠军杯合并而来，第一届赛事举行于2002—2003年赛季，这也是唯一一届跨年度的亚冠联赛，之后每届比赛都在一年内完成。2013年11月25日，亚足联竞赛委员会会议决议：2014—2016年赛季亚冠东西亚严格分区，东西亚球队只能在决赛中相遇。亚冠联赛赛制方案，这是一个完全模仿欧洲冠军联赛的方案。32支球队分两区，东亚16队和西亚16队先分小组赛。4队一个小组，小组赛头两名出线进行16强主客场两回合淘汰赛直接决出冠军。其中广州恒大淘宝队于2013年11月9日和2015年

11月21日历史性两夺亚冠联赛冠军，创造中国足球职业化以来的最佳战绩，2013年效力于广州恒大的穆里奇也保持了亚冠单赛季进球纪录。

恒大杯校内足球联赛赛制及成绩计算

恒大杯校内足球联赛于2013年在恒大足球学校诞生，每周六上午8点40分和10点10分有两个时间段的比赛，为每周末学校的常规赛事，既是孩子们期待的节日，也是教练员指挥比赛的日子，更是检验队伍训练成果的日子。

联赛赛制由皇马教练团队负责安排与组织，5—6支球队为一个小组，分组依据为同年龄段之间测试赛的战绩，小组与小组之间采用升降级，每个球队与同组的其他球队进行单循环，胜一场得3分，平一场得2分，负一场得1分，这种积分方式最大的好处就是弱化比赛成绩在青少年比赛中的比重，教练员敢于大胆使用替补队员，达到充分锻炼队伍的目的。小组第一升级至整体实力更强的小组，小组最后一名降级至较弱一组，这种分组方式最大化地缩小了同一小组各个球队之间的差距，每个球队都有可能升级或降级，使

同一小组之间的比赛更为激烈，也促使大家在训练时更加努力认真，不敢有丝毫松懈。

历经三年的发展，参赛队伍由第一年的几十支队伍发展为至今120多支，现已成为了足校一项传统赛事，也成了每周六上午恒大足校一道靓丽的风景线。

第四节　比赛礼仪与球迷文化

比赛默哀

足球比赛的默哀大多是为了悼念一些失去的事物，是一种人类道德的体现，也体现出足球运动的另一种感动时刻。

北京时间2015年3月22日晚，2015年赛季中超联赛第3轮的焦点战在天河体育场打响，广州恒大在主场迎战长春亚泰。赛前，双方球员为刚刚去世的足坛名宿赵达裕默哀一分钟，纪念赵达裕对足球运动的贡献。赵达裕是20世纪80年代中国国家足球队的著名球员，因身高1.6米，有"矮脚虎"之称。曾任广州太阳神足球队主教练，曾执教日本三菱青年队，任广州市番禺亿达足球学校校长。1984年在尼赫鲁金杯赛上，赵达裕攻入关键一球，为中国队战胜世界劲旅阿根廷队立下头功。可惜由于伤病原因赵老在1986年就不得不退役。退役后，赵老仍然心系足球，在日本学习几年后他毅然选择回到国内，并回到故乡广州执教数年，为广州足球贡献了自己所有的力量。

足球赛前球员手牵儿童进场

世界足联的口号是fair play，即公平竞赛，儿童天真无邪，不存在尔虞我诈，是公平竞赛的象征也是未来的希望，所以出场唱国歌时都带着他们。

国际足联规定，为了让足球理念深入人心，凡是国际A级足球赛事和一些重要的足球比赛，必须携球童入场，男女不限。他们伴随着国际足联的公平竞赛曲步入球场，队员所领的儿童是比赛主办方或主队在当地足球学校或

小学挑选的，他们的出场是为了申明此场比赛的纯净与友好。世界杯赛场，球员列队入场的时候，都由儿童"护送"，大手牵小手。奏国歌时，儿童们就站在球员前面。手牵儿童的进场仪式，有着深厚的文化底蕴。球星们会从中意识到，他们的足球生涯是短暂的，球员上场时牵着代表未来的儿童，同样要明白那个未来不是自己的未来，而是属于儿童的。

儿童的成长，就是大人的老去。所以牵手儿童，就是牵手未来；牵手儿童，就是鼓励未来。尽管这些现在的"球童"，未来不一定真的成为球员，被大球星牵过手的他们，将铭记着那牵手片刻传递的温暖和力量，这种温暖和力量，大抵就是中国人所说的"薪火相传"。

但是也有例外，2015年母亲节，荷甲球队阿贾克斯在主场迎战对手，与传统的手牵儿童进场不同，本场比赛出现在球员们身边的是他们的母亲。他们手牵母亲，以庆祝这一属于她们的节日。而阿贾克斯在本场比赛中的表现也很出色，凭借着费舍尔的梅开二度以及索恩的进球，荷甲豪门在主场3：0战胜了来访的坎布尔。

球迷观赛礼仪

礼仪可以说是人际交往中适用的一种艺术、一种交际方式或交际方法，是人际交往中约定俗成的示人以尊重、友好的习惯做法。礼仪就是律己、敬人的一种行为规范，是表现对他人尊重和理解的过程和手段。礼仪是指人们在社会交往中由于受历史传统、风俗习惯、宗教信仰、时代潮流等因素而形成，既为人们所认同，又为人们所遵守，是以建立和谐关系为目的的各种符合交往要求的行为准则和规范的总和。

在足球场上，我们也应该注重礼仪。球队在比赛前都要和到场支持自己的观众示意表示感谢。两支队伍在比赛前也会主动和客队握手，这一行为也是代表主队球员欢迎客队球员的意思。球员被换下场时，大家都会向球迷区鼓掌示意一下，这也是球员对球迷的支持表示感谢。

所以我们球迷在观赏足球比赛的时候，也要为向你示意表示感谢的球员鼓掌和欢呼，在我们支持的球队失利时为他们加油，在他们得分时给他们欢呼掌声。球迷的礼仪也包括卫生意识，我们要爱护球场，时刻保持我们所在区域的清洁卫生，用我们的每个小动作来支持我们喜爱的球队。

总而言之，礼仪就是人们在社会交往活动中应共同遵守的行为规范和准则。

中国古代第一个有记载的疯狂"球迷"

汉代出现了世界上第一位因迷恋足球而丧生的狂热球迷，名叫项处。他是临淄人，这也是临淄成为世界足球起源地一个重要的证据。

根据《史记·扁鹊仓公列传》记载，项处患病，名医淳于意为他把脉，诊断为"牡疝"，并吩咐不要做劳累身体的事情，否则的话会吐血而亡。可项处是一位蹴鞠运动的狂热分子，他对大夫的叮嘱置若罔闻，依旧我行我素蹴鞠去，因此发生了淳于意大夫断言的"要蹴寒，汗出多，即呕血"的病象。复诊之后，淳于意大夫摇头叹息："他应该熬不过明天晚上了。"果然如大夫所言，项处第二天傍晚就死去了。

　　蹴鞠是一项极耗体能的剧烈运动，项处却明知患"牝疝"之疾不能劳累，却最终因为蹴鞠而丧命，可见项处是一位真正的超级球迷。

西班牙第一球迷

　　他是唯一能出入西班牙队更衣室的球迷，西班牙全队也都认识他；他头戴巴斯克式贝雷帽，胸前挂着一面大鼓，穿着一件印有12号的西班牙球衣，被称作西班牙队的第12人；他从1982年西班牙本土举办的世界杯开始，30年来从未错过任何一届大赛，为西班牙队擂鼓加油的场次超过400场。

　　他，就是人称西班牙第一球迷的打鼓爷爷马诺罗。为了支持心爱的球队，马诺罗失去了家庭，荒废了事业。1987年的冬天，马诺罗在驾车前往奥地利的路上遭遇车祸，车子翻进了深沟，自己也住了院。从奥地利返回后，

马诺罗的妻子带着四个儿女离开了。

为了记录自己30年来随国家队南征北战的经历和故事，马诺罗出了本自传。早在1990年，西班牙国王胡安卡洛斯和王妃索菲娅就曾特意接见过这位西班牙队的头号球迷，他还是西班牙足协授予的"唯一可以进入西班牙队训练场禁区的球迷"。西班牙足协已经为马诺罗解决了各项费用，"大鼓"也不再有后顾之忧，作为第12人，他的心愿是和西班牙队一起征战第12届世界杯。

在西班牙出征顿涅茨克之前，记者在西班牙训练营外碰到了马诺罗，每一个西班牙球迷都会和他打招呼。他说："我为西班牙队付出了很多，很多球员我看着他们长大，他们都叫我叔叔，很多球迷也是一样。足球就是我的情人，我将我所有的一切都交给了足球。我用过的鼓已超过10面，我已经发现有很多球迷也开始模仿我了，我不介意，球队需要鼓声的激励。"

犯错源于一个美丽的承诺

球员愿意为了一名小球迷去主动犯一次错误，哪怕受到惩罚也在所不惜，因为他们之间有一个美丽的承诺。

德甲联赛柏林赫塔球员本·哈迪拉破门后走到场边戴上了蜘蛛侠面具，

主裁出示黄牌，上万名球迷见证了这一幕，他们大都以为这是本·哈迪拉的一出恶作剧，只有一位名叫贾尼克小球迷知道，他不是。

本·哈迪拉在一项公益活动中认识了与癌症做抗争的儿童贾尼克，"周末的比赛，如果我进球了，我就为你戴上蜘蛛侠的面具庆祝，怎么样？"本·哈迪拉最近探视贾尼克的时候，提出了这样一个大胆的设想。"真的吗？你不会骗我吧？"贾尼克很兴奋但是有点不太相信，本·哈迪拉自信满满地说，"会的，我会进球的，一定会进的，我答应你"。

于是，在柏林赫塔对沙尔克04队的比赛中就出现了下面的一幕。本·哈迪拉赛后在谈到为什么带蜘蛛侠面具的时候说，"我跟他许诺，化疗期间我会一直陪着他。我跟他许诺进球后要带上蜘蛛侠面具，这是为了让他知道，人只要有了目标就会尽力去达成。而贾尼克也告诉我，他会努力，会去和病魔抗争"。

随着本·哈迪拉和贾尼克事迹的传开，当场出示黄牌的裁判甚至还给他发来短信，上面是这样写的，"按照规则，我给你出示了黄牌。但你高尚的行为远远超越了足球规则的界限，我要向你表达我的歉意，向你和贾尼克致敬！"

法甲球迷

法甲各俱乐部全年通票价格差距颇大，摩纳哥最低年票只要61欧元，最高的阿雅克肖和圣日耳曼分别是145欧元和230欧元。平均下来，圣日耳曼777欧元的年票最贵，其次是马赛的655欧元。年票的价格是由球市的火爆程度决定的，马赛和圣日耳曼球场70%的位置都被订满。法国人平均工资是1200欧元，把半个月的薪水交给俱乐部，真可谓是铁杆球迷。我们可以从消费角度看到法甲球迷对足球内心的狂热。足球是他们生活不可缺少的一部分。每当比赛开始前他们欢呼雀跃，用最热烈的方式，为自己的球队呐喊助威，例如波浪式助威、锣式助威、彩旗式助威等，整个球场都是文明的呐喊，这一刻在他们看来，这个世界上没有什么比足球更美妙的东西了，生活

中也没有什么比享受足球更重要的事了。当自己的球队进球时，他们欢呼，用最文明的掌声感谢球星给他们带来的精彩和足球的盛宴。这就是文明的法甲球迷，他们给我们塑造了文明而狂热的球迷形象。

　　遇到客场比赛时，俱乐部还负责给这些球迷提供减价的路费，组织他们乘大轿车去观看比赛。比如争夺秋季冠军的最后一场比赛时，尼斯俱乐部安排了10辆大轿车，其中的三辆费用（每辆2890欧元）是赞助商提供的，俱乐部出了两辆。连同门票、一顿早饭，400多个球迷每人只要交38欧元就可以到波尔多度一个周末。当然文明球迷的缔造和当地俱乐部有着紧密的联系，他们也会给球迷提供最直接、最优惠的绿色通道来支持他们为自己的球队呐喊助威。所以人山人海的法甲球迷们也是幸福的。

意大利球迷

这个世界上拥有球迷最多的足球俱乐部或许不是尤文图斯，不过，在意大利国内，斑马军团的球迷数量傲视意甲群雄。据美国尼尔森调查公司提供的数据显示，尤文图斯球迷数量远远超过剩下的19支球队，国际米兰和AC米兰紧随其后。

尼尔森公司由亚瑟·尼尔森爵士创立于1923年，是美国最早的调查公司，目前已经是调查业内的领军公司。该公司对意甲球队的球迷数量做了一次详细的调查。这份调查结果显示，尤文图斯球迷数量并没有受到2006年电话门事件的影响，斑马球迷的数量几乎同排名第二、第三位的国际米兰和AC米兰两支意甲豪门的球迷数量总和相差无几。

没落的意甲早已沦为欧洲第5联赛，重塑辉煌尚需时日，但意甲死忠们

仍会坚持守望，即便我们看不到顶级巨星的璀璨光芒，看不到华丽进攻的摧枯拉朽，但却有着对亚平宁足球光辉历史的丝丝怀念，对意大利文化浪漫气息的深深眷恋，对每周末关注意甲联赛的点滴习惯。

南美球迷

足球赛场上，南美球员常有更多个人脚法的展示，更灵活的盘带，以及肆意的即兴发挥，常出现天才球星神光闪现而左右一场比赛的情形。原因在于南美洲的拉丁文化本身就是奔放、热烈、自由、随性的，所以南美洲的足球运动员会在球场上表现得更为注重个人的即兴发挥。

而场上球员的疯狂直接源于球场助威的球迷们，南美球迷充满激情，对足球的欣赏角度直接刺激着南美足球的风格，所以他们才是南美足球风格的直接定义者。

非洲球迷

每支球队都会为了取得足球场上的胜利而不断地提高自己的技战术。他们的教练团队不断地研究新的足球战术打法，不断提高自己队员的战术素养，不断地研究对手的特点，在体能方面也下很大的苦工。在比赛中主教练都对场上面的那11名队员安排得很好。研究对手也下了非常大的苦工。

但是有很多教练团队低估了球场上的第12人——球迷。第12人其实是对球迷的一种尊重的说法。这意味着大家将球迷和球队联合在一起了。

非洲球迷不管在哪个国度都会支持自己的球队。2010年6月26日世界杯足球赛，加纳队在八分之一决赛中最终以2：1击败美国队晋级八强。在本场比赛中获得最佳球员的加纳队前锋阿尤，赛后谈到加纳队顺利杀进八强的原因，阿尤表示，队伍坚持战斗的信念和他们忠实的球迷是他们胜利的钥匙。

亚洲球迷

　　球迷，是一个特殊的群体。在世界各地的人群中，谁也不敢无视他们的存在。不管是奥运会、世界杯还是欧洲杯赛，主办者都要把球迷放在很重要的位置，以不同的方式对待不同国家的球迷。而球迷在比赛场内外所掀起的波澜，更使比赛本身增色不少。亚洲足球作为一个重要板块，中国球迷也是别具特色的。

　　随着中国足球寒冬的过去，中国球迷迎来了属于他们的春天，越来越多的球迷涌入了球场，为自己所支持的球队呐喊助威。大部分地区都有自己的球迷组织，穿着统一，口号整齐响亮。即使是在国外进行的比赛，也有很多的留学生、华侨以及远征军球迷为球队加油。另外，中国球迷的素质也越来越高，在2015年亚洲杯中国对乌兹别克斯坦的比赛后，中国球迷主动留下来清理看台上的垃圾，让场边的亚足联官员也为之动容，为其中一名球迷组织者颁发了最佳球迷奖。

恒大球迷

　　广州恒大淘宝足球俱乐部2012年首次参加亚洲足球俱乐部冠军联赛并进入八强，2013年获得亚洲足球俱乐部冠军联赛冠军，这也是中国俱乐部第一次问鼎该项赛事的冠军，同年获亚足联最佳俱乐部奖，2015年11月21日再夺亚冠冠军。截至2016年2月，广州恒大淘宝已连续五次获得中超联赛冠军，也是现中超联赛中夺冠次数最多的球队，并获得两次超级杯冠军和一次足协杯冠军、两次亚冠冠军。

　　正因为有了如此辉煌的战绩，恒大淘宝足球俱乐部拥有了一大批铁杆球迷。每到比赛日，天河体育中心就会有全国各地的球迷涌入，他们吹着喇叭，敲锣打鼓，尽情地为广州队摇旗呐喊助威。对于这些球迷来说，享受比赛已经成为了他们不可或缺的一种生活方式，比赛日天河体育场的13号看台便是一片红色的海洋。在这里，聚集着两大球迷团体：网络球迷联盟和吴川球迷会。数千人将看台填得满满当当，尽管大家来自五湖四海，但加油助威时只有一个声音，那就是"广州队，加油"。以"四海为一家，球系你我他"为宗旨的广州网络球迷联盟，团结所有广州恒大球迷，只要支持广州恒大，尊重网络球迷联盟的精神和规章制度，他们都张开双臂一应欢迎。而从偏远的粤西地区吴川走出来的一伙年轻人，怀揣着自己的梦想，组建了属于自己家乡的球迷会。在看台上，他们找到了无可替代的快乐。

德比

1870年，英国的德贝伯爵（Sir. Derby）创立英国大赛马会后，每年6月的第一个星期三在伦敦附近的叶森马场举行赛马，是英国非常有名的赛马大赛之一，这天也被命名为Derby Day。在赛马比赛中，参赛马大都来自德比郡，"德比大战"被用来形容"来自德比郡的马之间的比赛"。渐渐地，"德比"被引申到其他体育比赛领域中，英国人把它引用到了两支同城球队之间的比赛，来形容比赛的激烈，这就是德比大战。

真正的德比首先是一个关于足球领域的对抗，对抗的第一层意义就是同城的球队争夺谁是强者，第二层意义就是争夺谁是这个城市的代表。在早期对抗中，还有第三层意义，就是争夺本市球迷的认同感。若两队之间的德比维持了数十年，第三层意义就消失了，因为球队各自的支持者都已固定成型。中超联赛的德比战，显然同时具有三个意义，两支同城球队必须争夺球迷。

中超联赛需要培养出真正的德比文化和氛围，而不是贬低对手、抬高自己的畸形文化。建立在足球对抗上的德比才更能提升球迷的热情和足球的关注度，才能真正地促进中国足球的发展。